二战战术手册

侦察和伪装战术

[英] 格尔顿·L. 罗特曼　著
[英] 彼得·丹尼斯　绘
姚军　译

民主与建设出版社
·北京·

图书在版编目（CIP）数据

二战战术手册. 侦察和伪装战术 /（英）格尔顿·L. 罗特曼著；（英）彼得·丹尼斯绘；姚军译. -- 北京：民主与建设出版社，2025. 9. -- ISBN 978-7-5139-5020-6

Ⅰ. E83-62

中国国家版本馆 CIP 数据核字第 2025JX0708 号

二战战术手册：侦察和伪装战术

ERZHAN ZHANSHU SHOUCE:ZHENCHA HE WEIZHUANG ZHANSHU

著　　者	［英］格尔顿·L. 罗特曼
绘　　者	［英］彼得·丹尼斯
译　　者	姚　军
责任编辑	彭　现
封面设计	但佳莉
出版发行	民主与建设出版社有限责任公司
电　　话	（010）59417749　59419778
社　　址	北京市朝阳区宏泰东街远洋万和南区伍号公馆 4 层
邮　　编	100102
印　　刷	重庆长虹印务有限公司
版　　次	2025 年 9 月第 1 版
印　　次	2025 年 9 月第 1 次印刷
开　　本	710 毫米 × 1000 毫米　1/16
印　　张	13
字　　数	250 千字
书　　号	ISBN 978-7-5139-5020-6
定　　价	99.80 元

注：如有印、装质量问题，请与出版社联系。

目　录

CONTENTS

CONTENTS

主要缩略语表

缩略语	中文译名
AA	防空
AFV	装甲作战车辆
AT	反坦克
HQ	指挥部或总部
I&R	情报与侦察
LMG	轻机枪
MG	机枪
OP	观察哨
SMG	冲锋枪

英制—公制单位换算表

距离和长度

1 英里 ≈1.609 千米

1 码 ≈0.914 米

1 英尺 ≈0.304 米

1 英寸 ≈2.54 厘米

重量

1 磅 ≈0.453 千克

二战侦察战术

第一部分

引 言

侦察是战斗和战争中不可或缺的一个方面，“不进行侦察，部队将寸步难行”。因为侦察是一个很宽泛的概念，所以本书将讨论的重点放在了师级及以下级别的部队的侦察战术上，并详细讲述美国、英国、苏联、德国和日本的军队是如何实施侦察的。虽然每个国家的军队在组织形式、战术和技术上都有所不同，但也有许多相似之处。

二战期间，各国的侦察战术、技术、组织形式和装备一直在持续演变。战争特性的不断变化，既催生了新的侦察概念，也给侦察单位增加了更多的任务。

用系带在头盔边缘绑着树枝的德国侦察兵，正在用双筒望远镜观察敌人。（尼克·科尼什）

照片中的这名武装党卫队侦察兵身穿迷彩服（有许多种可选的图案），戴着用防水斗篷做成的面罩。为了能与周围环境融为一体，他用树枝改变了身体的轮廓。他的个人装备藏在迷彩服内，以便进一步隐蔽。此外，他还手持一支 9 毫米 MP40 冲锋枪。（康科德出版公司）

侦察的目的和手段

“侦察”是对某个地区、特定场所、敌军及其活动进行监视、调查和信息收集的行为。根据部队规模的不同，情报收集和侦察的重点也有很大差异：规模越小的部队，侦察范围就越小，其所需的情报信息也要越详细、精确。

在战区一级作战单位中，指挥官关心的是敌军部队的总体人数、敌方的物资状况，以及敌方将武器和装备运送到作战地区的能力。在集团军群和集团军一级作战单位中，指挥官关心的是敌方长期目标、调动部队影响战场的能力、可动用的师级单位数量，以及支持部队的后勤能力。在军一级作战单位中，军长需要了解敌方能够动用的团级单位和支援资产的数量，以及敌方有哪些部队可以用来加强防御或在成功的攻击行动后扩大战果。

至于规模更小的作战单位，其指挥官关注的重点则会更“务实”一些：师长会重点关注敌方营级单位、火炮和坦克的数量，以及公路网的情况、水体的大小和特性；团长和旅长需要关心的是“在下一座山头，是否有部队可以支援他们麾下的坦克，以及是否存在可能减缓麾下部队推进速度的障碍”；营长需要关心的是即将与他交战的敌军规模、战场是否会因过于泥泞而影响越野行动，以及晨雾散去后，移动中的部队在暴露之前有多少时间可用；而连长需要关心的则是前面的林子里是否有狙击手、他的迫击炮能否击穿碉堡顶部、他的士兵能否涉过溪流，以及他的巡逻队经过结满露珠的草地时会不会留下蛛丝马迹。

在人们的想象中，侦察活动通常是由巡逻队在地面进行的。但实际上，侦察活动也可以通过研究地图和航空照片、拦截无线电通信、用光学仪器进行远程监视，以及实施航空侦察、利用水上飞机进行观察等方式来完成。二战期间，虽然使用地面或飞机雷达进行的侦察尚处于萌芽阶段，但这种侦察方式在二战后期已能发挥一定作用。此外，各国军队还能通过侦测敌方装甲车辆、卡车及部队活动发出的声音来收集信息，比如通过声音探测和测距的方式来确认敌方炮兵的方向和大致位置。

大部分侦察活动都是秘密进行的，侦察兵会尽量避免被敌方发现，以使自己免遭敌方优势兵力的打击，并且不让敌方知道其已处于我方的观察之下。当然，也有不需要秘密进行的侦察活动。比如，“火力侦察”是用炮火打击可疑的敌方阵地，引诱敌人反击或转移，从而导致其暴露目标。火力侦察不仅可以确认敌人是否存在、

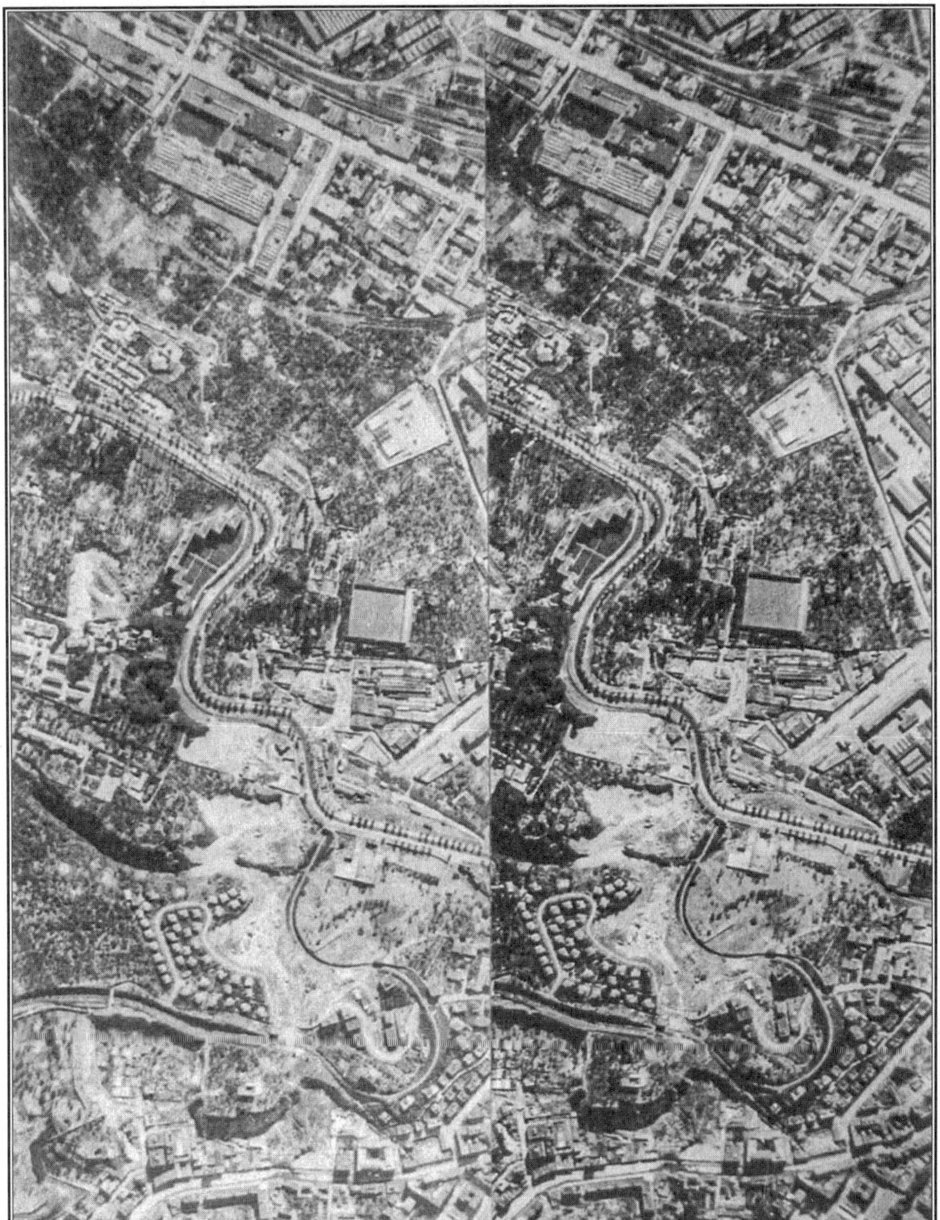

如果地图稀缺或地图内容过时，航空照片就显得十分宝贵了。这是两张在立体镜下并排放置的照片，如果对焦正确，照片会呈现出立体感。

引诱敌人暴露目标，还可以对敌人的火力、兵力和可能的意图做出估计——这取决于敌人是力图保住阵地，还是进行撤退。又比如可被视为一种攻击行动的“威力侦察”[①]，它不仅能“定位敌人”，还能试探敌人的实力或刺激敌人做出反应。

指挥官都应该充分了解侦察的重要性。对于一支部队而言，不管其士气多么高昂、装备多么精良、组织多么有序、补给多么充足，只要该部队在没有得到充足情报的前提下盲目冲入敌占区，都将带来致命的后果。那里有太多的未知因素，作为部队指挥官，不能指望敌人像过去那样行事，或者做自己希望他们做的事情。因此，指挥官需要知道如下信息：敌方部队的番号和装备类型；公路网、桥梁和浅滩的情况；植被的密度（可能成为移动的障碍或限制能见度的因素）；天然和人工障碍的情况；雷区的情况；敌方前哨站、前方治安部队、主抵抗线和重武器的位置；包含预备队在内的敌方下属部队的位置；集结区、指挥所、防空阵地、补给仓库的位置及补给路线。

地图和照片的不足之处

地图往往会存在不准确或过时等问题，而研究航空照片则可以部分弥补这些不足。受茂密的树木或密集的灌木丛影响，我们将无法根据航空照片来确定等高线和障碍物、小地形特征的高程，或者洪泛区、沟壑和水道的深度——尤其是最后一点，因为水深相差几英寸就能决定坦克能否通行。此外，云雾也可能会使航空照片中的某些区域变得模糊。

太平洋战争为我们提供了一些例子。在塞班岛，美国海军陆战队在航空照片中发现了地面上的一个低矮山坳，但却低估了它的高度——其地形特征导致了两栖牵引车在向内陆移动时受阻。在贝里琉岛（Peleliu），茂密的丛林遮挡了中央山脉里的山丘、山梁、沟壑、污水坑和洞穴——这导致战斗时间比预期的更长，且进攻方付出的代价也更大。美军常常发现，太平洋上的岛屿的海滩后面有海图上未标示的、难以逾越的沼泽，而敌军占据的山丘和山梁则十分隐蔽（直到美军官兵奋勇向前才被发现）。人们不可能从相机拍摄的航空照片中看到一座桥梁的下面，

① Reconnaissance-in-Force，又译作“武装侦察”或“战斗侦察”。本书脚注如无特别说明，均为译者注。

并确定其承重；也不可能从航空照片中看出一条道路或一个登陆海滩到底是“坦克的通路”，还是“一个泥沼”。

时间因素

实施侦察的过程既漫长、消耗资源多，又错综复杂。下面这些工作都需要实施侦察的一方花费时间：确定所需的战场信息和侦察重点；分配不同梯队的资源；规划和协调任务，派出巡逻队，等待他们返回或报告信息；听取巡逻队的汇报，并将信息传递给相关的指挥部；接收、处理、分析、评估和传播信息，然后将其用在作战计划中。

由于留给侦察的时间往往并不充足，所以部队只能完成（甚至只是尝试完成）上述工作的一部分，且无法预测侦察结果。在发起两栖突击等特殊行动之前，进攻方可能需要进行艰苦的侦察活动，这项任务可能需要耗费数周甚至数月的时间。然

徒步行进的巡逻队可能遇到的情况——在一名士兵眼中的意大利某地，那里有破败的房屋、沟壑、树木、灌木丛和石堆。敌人可能藏在任何角落，士兵选择的路线可能意味着生与死的差别。

这张手绘图中的虚线是巡逻队的最佳行进路线。在沿途的某些地点，可供巡逻队实施隐蔽的东西并不多，但足以应付远距离观察的敌人。分散的低矮灌木，足以遮住士兵们的身形。当然，敌人隐藏在某处的风险总是存在的，例如，他们可能隐藏在铁路涵洞中或左上角的树林里。

而，一旦与敌方交战，军队就必须保持快节奏，并对敌人持续施压，这就意味着其无法为细致的侦察活动分配太多时间。当然，交战期间也会有一些间歇时间——部队筋疲力尽、补给无法跟上进攻的节奏、与敌方脱离接触，以及因地形或天气条件而减缓了进攻节奏——指挥官可以利用这些间歇时间派出巡逻队收集信息，再根据新信息来判断是应该维持当前状态还是重新与敌方接触。

另外，进取心过于强烈的指挥官可能不愿意花时间实施充分的侦察。还有一些指挥官和参谋人员不愿意相信侦察报告，这可能是因为他们过去曾经收到过“糟糕的情报”，也有可能是他们不愿意对“不符合他们的评估、期望或不支持他们即将采用的行动方案的情报”给予应有的重视。如果不是“亲眼所见”，他们有时候希望这些情报能得到另一些信息的佐证，但时间和资源并不总是允许他们这样做。

侦察任务

信息收集与评估

侦察单位——不管其级别、构成、规模或信息收集手段如何——有一项基本任务：收集战场信息。侦察单位在收集到原始信息后，应尽快向后方报告，因为战场上的战术信息时效性很低。比如，若突击部队在情报沿指挥链下发之前已经通过了攻击发起线，那么关于山丘上每个机枪阵地的详细位置的信息将变得毫无用处。

情报收集者报告的他所看到的情况，是未经处理的原始信息。大部分军队都强调，情报收集者不应该进行任何评估信息的工作。如果一名侦察兵看到10名军人穿过一条溪流进入树林，他就应该如实报告上述情况，而不是说“有一个班转移到了一个防御阵地”。原始信息将被传回指挥部，或者在侦察兵返回指挥部后的简报会上报告。此外，原始信息还将沿指挥链被传递给下令派出巡逻队的部队的指挥部。当然，该侦察兵的上级单位也可以根据其所知道的情况，立即使用这些原始信息——比如夷平那片树林，或者在前进时避开那里。

巡逻队所属的指挥部将对信息进行评估，然后在合适的情况下将其传递给指挥链上层，以及自己的下属单位。如果这些信息有直接的用途，该指挥部甚至可以将其“侧向”传递给友邻部队，但这种情况并不常见：巡逻队在其上级单位的防区范围内行动时，收集的信息很少会对友邻部队产生影响。信息会传到指挥链上层的哪一级，取决于该信息的价值。例如，师部不会对少数敌人驻扎在树林中的信息感兴趣，除非后者有一门重型反坦克炮或高射炮。

无论下达侦察任务的单位是何种级别，侦察任务都往往由步兵排来负责执行。师级部队大多配有直属侦察单位，后者直接为师参谋机构服务；团级部队有时候会下辖一个排级侦察单位；营级部队通常不会配备侦察单位（大部分侦察任务都是由步兵单位的人员执行的，有些时候工兵也会执行该任务）；连级单位不仅要进行局部巡逻，还要执行其所属的营和团下达的侦察任务，而这些任务都由恰好处于合适位置的步兵排来负责执行。

各级情报参谋的关键任务是迅速分析收到的信息（这个过程通常仓促且不太复杂），在地图上做好标记，并在合适的情况下将其传给上级指挥部。如果事关重大，

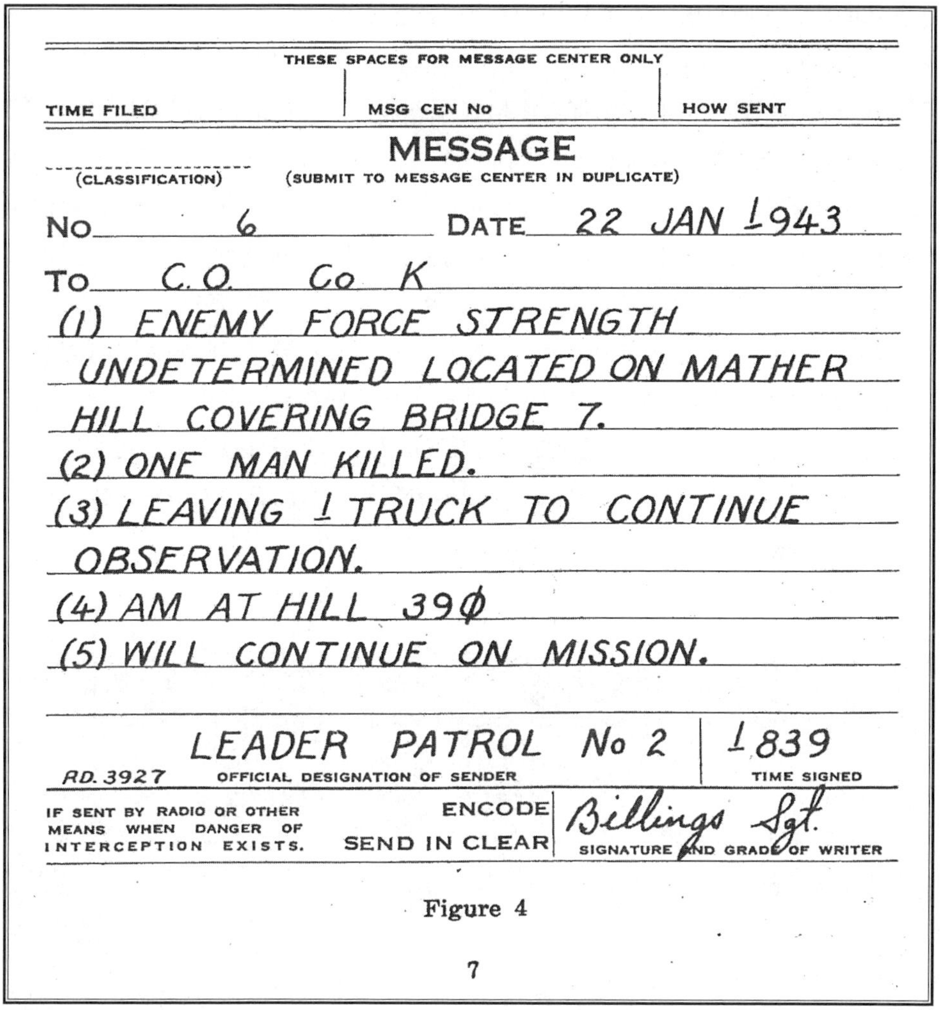

THESE SPACES FOR MESSAGE CENTER ONLY

TIME FILED | MSG CEN No | HOW SENT

MESSAGE

(CLASSIFICATION) (SUBMIT TO MESSAGE CENTER IN DUPLICATE)

No 6 DATE 22 JAN 1943

To C.O. Co K

(1) ENEMY FORCE STRENGTH UNDETERMINED LOCATED ON MATHER HILL COVERING BRIDGE 7.

(2) ONE MAN KILLED.

(3) LEAVING 1 TRUCK TO CONTINUE OBSERVATION.

(4) AM AT HILL 390

(5) WILL CONTINUE ON MISSION.

LEADER PATROL No 2 | 1839

RD. 3927 OFFICIAL DESIGNATION OF SENDER | TIME SIGNED

IF SENT BY RADIO OR OTHER MEANS WHEN DANGER OF INTERCEPTION EXISTS. ENCODE SEND IN CLEAR | Billings Sgt. SIGNATURE AND GRADE OF WRITER

Figure 4

7

美军用于传递信息的电文范例，这些电文大多会包含“何人”“何事”“何时”与“何地”等信息。图中的情报的内容为：（1）位于马瑟山的、掩护 7 号桥梁的敌军兵力不详；（2）一名士兵阵亡；（3）留下一辆卡车继续观察；（4）在 390 高地；（5）将继续执行任务。

这些信息将通过电话或通信员传达给其下属单位。信息的传达方式可能是口头传达、简短的书面报告、透明图或要图。情报部门的任务是根据经验迅速做出判断，并尽快传达情报。该部门还要接收来自上级指挥部的情报报告和摘要，并确定是否需要将其传递给所属单位。此外，情报部门还必须向指挥官和参谋人员提供关于已知的敌方活动及部署的建议，以便他们制定战术计划。

作战部队的级别越高，其深入评估信息的时间通常就越充裕。来自多个单位、来源和上级指挥部的所有信息都会由情报参谋负责分析和组合，以求尽可能地了解敌方的部署和意图。比如上文中提到的被一名侦察兵看到的 10 名军人，他们在那个树林中占据的可能不是一个防御阵地——根据已经确定的其他要素和他们活动的位置，可以推断出他们占据的可能是离主抵抗线有一定距离的警戒阵地。

不可避免的是，有时情报部门会做出错误（或至少存在部分错误）的判断，这会影响侦察报告在指挥官和参谋人员眼中的可靠性。情报部门的人员只能利用现有的信息（通常并不完整）来进行评估——从某种意义上来说，这只能算是合理的推测（曾有人表示：军事情报部门和天气预报部门都是靠推测来“谋生”的）。由于这项工作没有得到应有的尊重，所以从表现不那么出色的人员中选拔情报军官的情况也很常见。

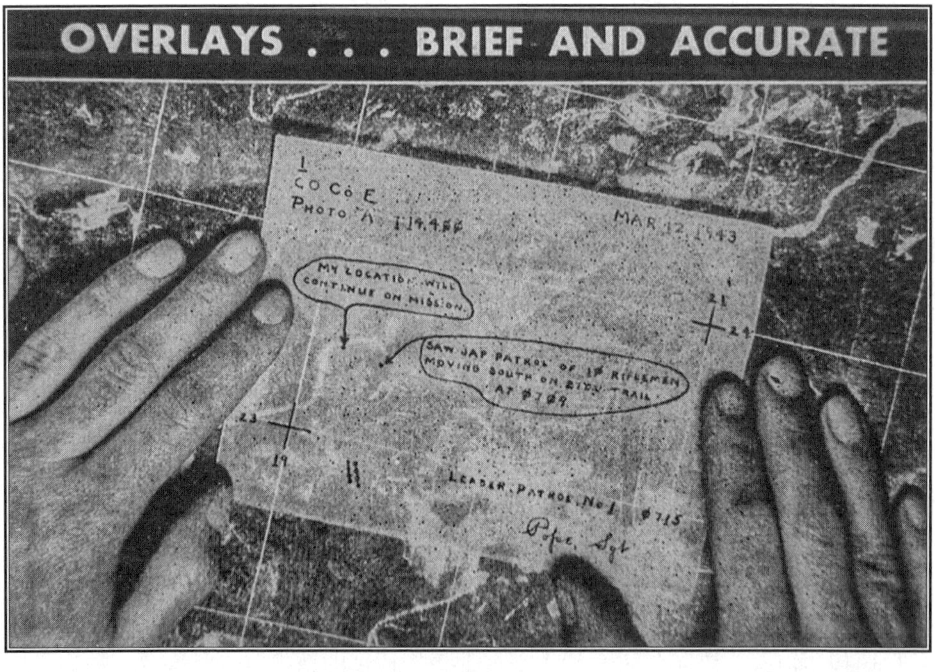

透明图。透明图是一种不用在地图上做标注就能传递信息的手段——只需将标注了坐标线参考点的透明图与地图对齐，再在透明图上绘制和标注相关信息即可。

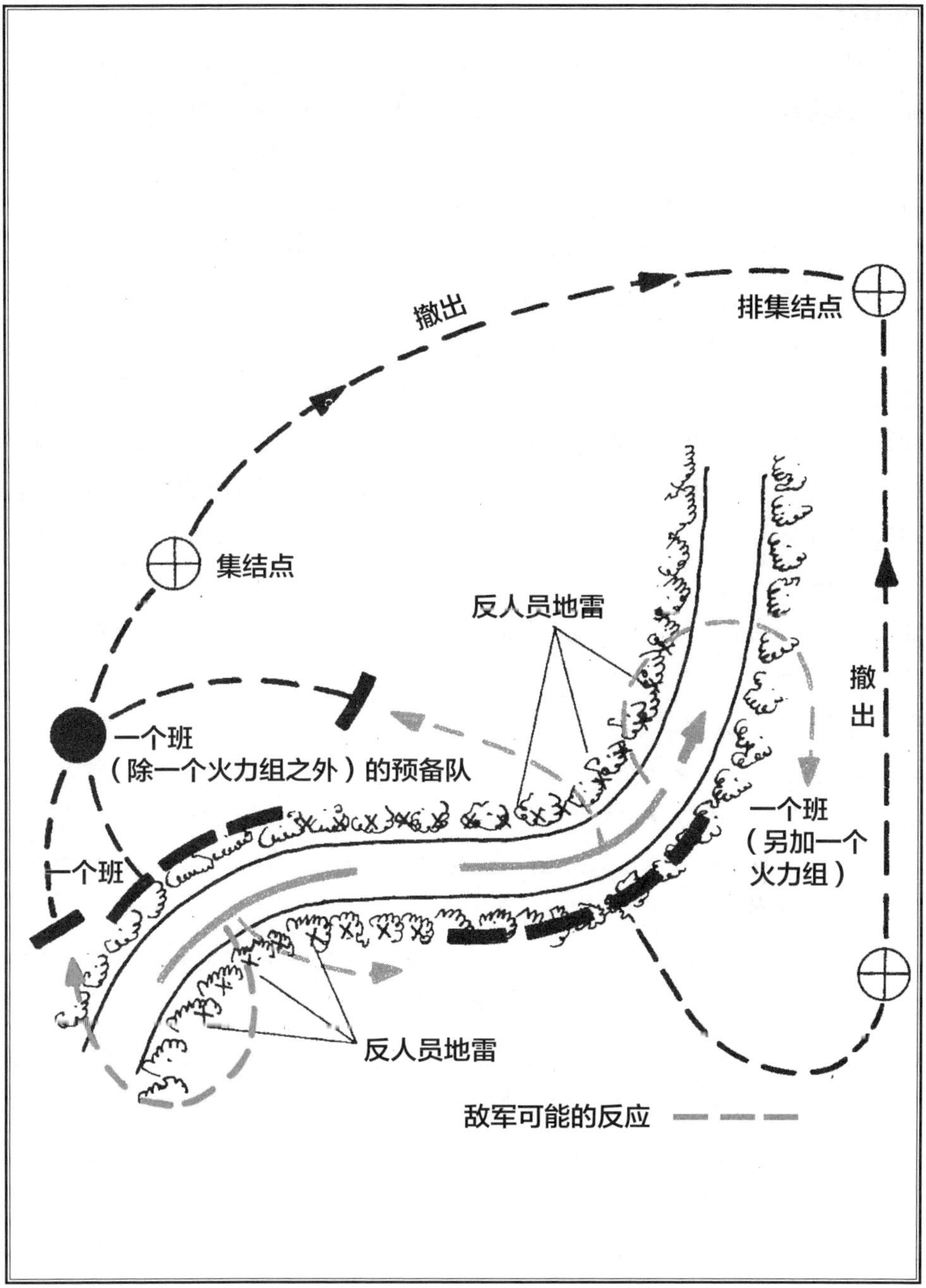

本图展示了美国海军陆战队的一个排是如何设伏的（伏击小队在道路两侧设伏，敌军推进方向已知）。反侦察巡逻队已熟练掌握伏击敌军小股巡逻队的方法。在本图中，黑色符号代表美军，灰色符号代表日军。

巡逻任务

对遂行侦察的单位来说，其主要任务是收集特定信息——通常就是敌军部队的部署和活动情况（比如敌军各单位的位置和敌军在做什么），以及敌军所处的地形和移动路径。不过，有时候这些单位也会收集非常具体的信息，比如寻找哪里有可以渡河的浅滩。至于工兵的任务，则可能是检视一座桥梁、了解某条道路是否能布雷，以及了解某条道路是否被破坏到了无法通行的程度。当然，人们总是希望巡逻队报告任何可能有价值的信息。

“点侦察”需要侦察特定的场地，如桥梁或建筑物。根据受领的任务和战场形势，巡逻队可能不需要进行实地侦察，而只需从不同的观察点对特定的场地进行观察即可。“区域侦察”要求巡逻队侦察整个特定区域，通常来说，巡逻队会收集敌军驻防情况或地形信息。“路线侦察”也不总是需要巡逻队真正走遍公路、铁路、河流或其他交通路线，巡逻队可以在邻近地域保持隐蔽，因为其目的通常是确定某条道路的“通行状况”——该道路是否可供通行，以及其附近是否有障碍物和敌人。一般来说，关键信息包括：路面状况、维修情况、桥梁状况，以及道路上是否有沟渠、墙体、泥地或茂密的植被妨碍车辆行驶。

人们往往认为侦察只是为了支持进攻，提高部队在敌方抵抗下推进的能力。实际上，对实施防御活动而言，侦察也十分重要。巡逻队需要确定：敌方进攻部队的集结区域、准备情况和可能的推进路线；阻止或至少妨碍敌人对友军阵地的侦察行动，以及对我方接近路线的探查——巡逻队甚至可以从敌军一侧观察友军阵地，以确认友军阵地的伪装效果。

侦察巡逻队通常会尽一切努力，避免被敌人发现或与敌人接触，但战斗巡逻队（美军称其为“Combat Patrol”，英军称其为“Fighting Patrol”）则会“主动找麻烦”。在防御作战中，这些“麻烦”包括“实施反侦察”，其具体内容包括：建立前哨站和临时观察哨以发现敌方巡逻队；进行伏击；实施狙击；乘车（马）或徒步巡逻去执行屏护任务。执行反侦察任务的巡逻队可以伏击敌军的小型巡逻队，或者至少用火力将其驱离。如果敌军巡逻队的规模较大，执行反侦察任务的巡逻队可以向上级报告其位置和方向，而不宜与之交战。如果执行反侦察任务的巡逻队带有电台或电话，还可以召唤炮兵打击敌人。除了阻挡敌军巡逻队并提供预警外，执行反侦察任务的巡逻队还能迫使推进中的敌军从行军队形转为移动速度较慢的

巡逻队里可能会有一些承担特殊任务（如检查推进路线的安全性）的专业人员随行。本照片中，一名苏联红军的工兵正在用连接在 7.62 毫米莫辛－纳甘 M1891/30 步枪上的 VIM-210 探雷器搜索地雷——他身后的那名士兵手持探雷针（一根安装在木杆上的钢针）。

战斗队形，使其组织混乱，并通过直接火力或召唤炮兵给敌军造成伤亡和车辆损失。

步兵单位也会建立前哨站，以预警敌人推进，避免遭到奇袭，这些前哨站有时能得到团属和师属侦察单位的增援（参见插图“前哨站和警戒巡逻队”）。各级作战单位可能会分层设立前哨站，以覆盖敌人最可能接近的路径。这些前哨站可能以小组（2—4 人）、班或排为单位，有时还会配备机枪、反坦克武器和迫击炮。

前线各排可能会派小分队前出数百码（通常情况下，前出距离会更近），在白天建立前哨站。夜间或能见度较差（如雨雪天和雾天）的时候，前线各排会设立监听站（可在敌人靠近时发出警报）。营和团的警戒哨前出的距离更远，其规模可能为班级或排级，警戒哨与主抵抗线之间的距离会因地形、植被、能见度和敌军主力部队所处的位置不同而有所不同。

美国第 112 骑兵团在新不列颠岛上的观察哨，右侧的观察员身穿迷彩服。

其他巡逻任务包括：检查前哨站和警戒哨的“游动哨”（Visiting Patrol）；保持与附近单位接触，并搜索两者之间区域的“接触巡逻”（Contact Patrol）；确保调动中的单位之间联系顺畅的“联络巡逻”（Connecting Patrol）；屏护调动中的部队侧翼的“侧方巡逻”（Flank Patrol）。“指挥官侦察”指的是指挥官和参谋军官亲自到阵地前沿勘察下属部队将要攻击或防御的地点，观察敌方阵地，以及亲自观察局势和情况。指挥官和参谋军官将从多个有利位置进行这种侦察，与下属指挥官商讨并向官兵询问相关情况。一般来说，指挥官和参谋军官会在评估其他可用信息之后，再实施这种侦察。

1944 年，巴黎。一辆美制 M8“灰猎犬”装甲车（审查者遮盖了保险杠上的部队识别码）。师属侦察单位的装甲车的高度约为 7 英尺 4 英寸。意大利战役中，一些英国陆军的侦察单位也使用了 M8“灰猎犬”装甲车。

携带冲锋枪的苏联侦察兵乘坐一辆美国产福特 GPA（吉普车的两栖版本，绰号为“Seep”）登上河岸。美国陆军曾在北非少量使用过 GPA。相比之下，GPA 更受苏联红军的欢迎，1944—1945 年，这种车辆被大量配发到各侦察单位。在东线，苏联红军经常乘坐 GPA 登上坡度较缓的河岸。虽然苏联制造了与吉普车类似的 GAZ-67 四驱人员运送车，但该车的数量有限。美国依据租借法案，向苏联提供了数千辆吉普车。（尼克 · 科尼什）

师属侦察单位

二战之前，只有少数国家的陆军为步兵师分配了成建制的侦察单位，如作战时，步兵师可能会获得一个营级或连级规模的骑兵单位用于执行侦察任务。二战前夕或二战开始后，各国开始为师级部队分配侦察单位。需要说明的是，装甲师的侦察单位与步兵师的侦察单位区别很大，前者通常为营级规模，且拥有大量装甲车和轻型坦克，具备可观的火力。

虽然各国陆军师属侦察单位的规模、组织、装备、机动性和条令都大相径庭，但它们都有类似的基本能力。这些侦察单位的设立，是为了向师长提供能够收集战场信息的专用高机动性部队，但这些部队也因高机动性和可观的火力而被越来越多地用于执行战斗任务。

侦察单位经常会执行屏护进攻编队侧翼或保护守卫部队暴露的侧翼的任务。保护师下属各单位之间由于缺少足以掩护宽阔正面的步兵而产生的缺口，是侦察单位频繁执行的任务。多数情况下，这类任务将由巡逻队、观察哨、监听哨和班排据点里的士兵负责执行。值得一提的是，隐蔽的侦察车辆，可被当作机动观察哨使用。

在快节奏的进攻行动中，侦察单位多被用于执行扩大战果的任务和兵力节约部署任务，有时候也被用于肃清被大部队绕过的小股抵抗力量。在敌军撤退、组织混乱且没有时间建立有效的防线时，侦察单位常常能为机动特遣队提供“重要支持”——得到乘坐车辆的步兵、工兵，以及坦克和反坦克单位增援的侦察单位，可先于速度较慢的主力部队发起冲锋，夺取关键地形并扫清道路。根据相关条令，侦察单位可在接敌时采取多种应对方法：

如果遭遇敌人的警戒哨、警戒阵地、屏护部队或主要防御阵地，侦察单位可能会与敌接战，以牵制敌人或赶走敌人的警戒哨和屏护部队。不管采用哪种方式，侦察单位都应尽一切可能夺取一个立足点，让主力部队可以从这里对敌方发起进攻。侦察部队可以设法控制防御薄弱或不设防的地点（如桥梁、河流渡口和山上的制高点），以支援主力部队推进。侦察单位还可确定雷区、反坦克障碍的位置和新发现的无法逾越的地形，并报告被敌人放弃的补给、燃油和口粮仓库，以及建筑材料、

守卫路障，布置武器掩护通道，为车辆选择备用阵地。

美军相关手册中的插图。这张插图介绍了大部分师属侦察单位的关键任务之一——利用 M8“灰猎犬”装甲车和吉普车设置路障。

供水点和其他任何有用的物资。侦察单位可以掩护配属或后续赶来的工兵，后者将开始实施排障工作或维修受损的桥梁和公路。

当然，有些侦察单位会采用不那么激进的战术。除了规模最小的前哨站和屏护部队之外，这些侦察单位遇到任何抵抗都会停止前进，只报告敌人的位置、兵力和武器等情况，并持续监视和骚扰敌人直至主力部队抵达。值得一提的是，哪怕是较为激进的侦察单位，在遇到敌人的猛烈抵抗时也会做出同样的选择。由于所执行的任务的多样性，侦察单位的指挥官和士兵不仅要保持灵活性，还要有能力分析新情况并迅速做出反应。

在实施防御时，前出部署的侦察单位不能距离己方防线太远。此时，侦察单位可能会负责执行后方保卫（尤其是存在敌方空降攻击的威胁时）任务、抗登陆作战任务、渗透或游击任务。此外，侦察单位还可以通过接触巡逻来确保相距较远的部队（侧向或纵深方向）之间的联络。有些时候，侦察单位甚至能充当指挥部的警卫和仪仗队——这种做法通常被视为对其能力的滥用。

单位组织

不同交战国陆军的侦察单位的规模和番号相差甚远。许多侦察单位都承袭了骑兵的传统。按照欧洲的惯例，骑兵"团"实际上是由 3 个或 4 个连级规模的"中队"组成的营级单位，每个中队又下辖几个排级规模的"小队"。而在美军中，骑兵团下辖两个营级规模的"中队"，每个"中队"下辖 3 个连级规模的"小队"（下辖多个排）。苏军的侦察单位有营级规模和连级规模。日军的侦察单位大多是营

缺乏白色伪装服的德军巡逻队从沟壑中的隐蔽处冲出，迅速通过一片宽阔的雪地。这种行动显然很危险，但侦察兵往往别无选择，只能以这种方式机动，他们只能寄希望于敌人会因不愿意暴露自己的阵地而不开火。

级规模（下辖多个连级规模的“中队”）。[1] 大部分国家的侦察单位都为营级规模，但美国陆军的侦察单位为连级规模的“小队”，而美国海军陆战队的侦察单位则为“连”。美军装甲师下辖一个侦察营，1943 年重组后改名为装甲骑兵中队。无论哪个国家的侦察团和侦察营，通常都分别下辖 3 个或 4 个中队及小队（连）。

上述侦察单位都拥有两种或两种以上的机动工具，比如卡车、装甲车和侦察车、半履带车、轻型坦克、小坦克（Tankette）、摩托车、自行车和马匹。多样化的机动工具使侦察单位能够在不同的地形中行动，并拥有遂行不同类型的任务的灵活性。侦察单位配备的武器各不相同：侦察单位常装备一些一般不会在营级单位中看到的武器，而其他武器（尤其是自动武器）的装备数量则更多。侦察单位与大部分步兵和坦克营（团）不同，前者是混合武装单位，武器、机动工具和组织结构多种多样，通常还会下辖一个能提供压制火力的重型单位。有些侦察单位的下属单位还会混用装备，例如，同时装备装甲车和侦察车（或吉普车），或者同时装备自行车和摩托车。

侦察单位的任务很广泛，这要求各级指挥员灵活多变、经验丰富。这种单位并不总是以单一实体的形式行动，各中队或连常分散到所属师的战区各地执行不同任务。即便各个排或小队也可能分配到独立的任务。中队或连（甚至排）并不总是作为“纯粹”的下属单位执行这些任务：因为各个下属单位具备不同的能力，人员可能会交叉配属，为了执行任务，可以相应地组织临时专门小组。

二战期间，由于行动节奏的加快、新型车辆和武器的出现，以及作战理念和任务的变化，侦察单位的发展速度超过了许多其他作战单位。由于各个战区的作战行动、地形、气候和敌人并不一样，所以各国陆军的作战方式和装备也有很大的差别。例如，欧洲战场上的美国机械化骑兵小队的作战方式和装备，就与其在太平洋战场上的“同行”不一样。不过，在非洲、西北欧和苏联作战的德国侦察营的差别不大。

不管组织结构表对各作战单位的结构和装备作何规定，各野战部队在组织、车辆和武器方面都有很大不同：根据可用性、地形与气候的不同，不同的车辆会

---

① 日本师团直属的侦察单位虽然也被称为“联队”，但实际上其人数在730人左右，属于营级规模的部队。有时候，这种侦察联队会被一个只有950人的师团直属骑兵联队（跟独立的联队相比规模小很多）代替。

有不同的使用限制；许多作战单位的武器配置会高于标准水平；有时候，就连同一个军麾下各师的侦察单位也有可能存在差异。

在积雪很厚的野外行动时，雪地鞋或滑雪板至关重要。本照片中的德国侦察兵正在示范发现敌军后应如何隐蔽。请注意照片远景处的“后派人员”①。除了身着雪地伪装服之外，这些侦察兵还将步枪、滑雪杖和滑雪板的上表面涂成了白色。

---

① Getaway Man，指在侦察巡逻队中靠近队伍边缘的、在紧急情况（如遭遇敌方埋伏）下携带情报逃脱的人，也译作“逃逸者”。

正在示范用单人充气艇登上河岸的日本侦察兵（身着木棉救生衣）。照片中的这种小艇虽然备有船桨，但只能用于相对平静的水域。

机动性

对于师属侦察单位而言，机动性极为重要——必须快速通过大片区域，抵达任务地点，勘察指定区域并带回战场信息。在承担战斗任务时，机动性就更加重要了——这种任务要求侦察单位在很大一片区域内行动，而且必须运送（携带）重武器（侦察单位拥有建制内迫击炮和反坦克炮，或者至少增配这些装备的情况并不少见）。因此，侦察单位的机动手段非常多。

大部分步兵会徒步行进实施侦察——这是出于隐蔽的需要，以及一个简单的事实：只要有足够的时间和决心，徒步行进几乎可以越过任何地形障碍。然而，徒步行进的速度很缓慢，尤其是在能见度较低或天气恶劣的情况下，以及需要穿越茂密的植被、沼泽或水上障碍物时。在理想的地形、气候和物理条件下，一名士兵在路面较平的公路或小径上每小时可以行进大约 4 英里。但是，如果他身处丘陵和山地，行进速度将大大降低——在这种地方，士兵昼间的实际行进速度为每小时 2.5 英里，夜间的实际行进速度为每小时 2 英里。越野行军时，士兵昼间的实际行进速度将下降到每小时 1.5 英里，夜间的实际行进速度将下降到每小时 1 英里。在某些战术条件下——如为避免被敌人发现，在茂密的植被中、凹凸不平的地面和夜间行动时——士兵每小时的行进距离只能达到几百码。在吸取经验教训之前，上级指挥官对士兵徒步执行巡逻任务的速度抱有不切实际的期望的情况并不鲜见。很多徒步行进的巡逻队会轻装上阵，士兵们只携带最低限度的口粮、饮水、装备和武器——这能使他们更快、更安静地移动，并保存体力。

在雪地行进时，士兵可以使用滑雪板和雪地鞋。如果积雪的厚度超过 24 英寸，那么士兵将无法徒步前进。一般来说，士兵可以在几小时内学会使用雪地鞋，但他们想要掌握越野滑雪（与高山滑雪不同）的技能，则至少要接受几天时间的教学。雪地鞋比滑雪板更适合在茂密的森林中移动，穿着雪地鞋的士兵每小时可以行走 1.5—2.5 英里。在有利条件下，一个侦察小组最多可以在一天内行进 40 英里。芬兰、苏联和德国的军队最擅长雪上机动，这三个国家的士兵还会使用一种由一两名穿着滑雪板或雪地鞋的士兵拖动的小型雪橇船，这些雪橇船不仅可被用于运送班组武器、弹药、军用帐篷和炉灶，还可用于后送伤员。

在徒步行进时，水体是最难克服的障碍。虽然徒步行进的士兵可以穿越溪流、小河（如果主河道的水不太深）和沼泽，但他们难以逾越更大、更深和更湍急的水体。让士兵们携带装备和武器游泳，是几乎不可能完成的任务，而让他们穿着潮湿的军服和靴子也会降低其耐力、速度和警惕性。“除非只是短暂接触，否则穿越任何水温低于 16 摄氏度的水体都很危险。”而且，如果要穿越水体，每位士兵都需要额外携带一件干军服——这对徒步行进的侦察巡逻队而言，是不切实际的负担。士兵们很难在仓促间正确制作应急漂浮装置（柴捆、包在防水斗篷里的灯芯草和芦苇，以及原木等），因为他们也许无法在最需要的时候找到相关材料。而且，使用应急漂浮装置穿越水体，会使士兵们变得又湿又冷。

工兵部队或许会携带充气辅助漂浮装置，然而这些装置无法抵御风雨。虽然工兵部队大多配备了充气橡皮艇、小型冲锋舟或帆布折叠艇，但这些装备十分笨重、难以携带，通常只能在有卡车将其运送至水边时使用。此类舟艇大多只装备了船桨，不仅行驶速度非常缓慢，还难以在遭遇强风和水流湍急时使用。

马匹

马匹在德军和苏军的侦察单位中被广泛使用，而其他国家的侦察单位则主要在二战初期使用马匹。在一般地形中，马匹的行进速度比人快，并且可以在涉过更深的溪流的同时，保证骑手的身体相对干燥。在崎岖的山路上，只要植被不过于茂密，马匹的行进速度依然比人快得多。马匹的速度受地形、植被和气候等多种因素影响。虽然马匹很容易达到每小时 15 英里的速度，但这种速度只能维持较短时间。远距离行军时，骑手必须经常下马牵着马步行——步行的时间最长可达远距离行军总时间的四分之一。一般来说，除了骑手之外，马匹还要驮运很多装备——这些装备的重量可达马匹自身重量的 25% 至 30%。与人相比，马匹对极端天气的耐受程度较弱。马匹很不适合在热带和沙漠地区作战。而且，马匹在寒冷地区作战时，也容易出现问题：在未结冰的雪地上，马匹会难以行动；如果路面结冰，马匹又容易滑倒。

影响士兵乘马实施侦察的行程和持续时间的重要因素之一，是其携带的草料数量。在战场上，一匹轻型马（如侦察小队所用的马匹）每天需要 12 磅重的谷物和 14 磅重的干草。也就是说，每匹马 4 天就需要 104 磅重的草料。一般来说，运送草料的手推车无法跟上部队的行进速度，而且部队还必须为前者提供警卫人员。此外，每天照顾马匹还需要士兵花费额外的时间和精力。

这些德国士兵展示了骑马实施侦察的优势之一——渡过溪流时不会弄湿靴子。深色的马匹因为更容易隐蔽而更受士兵欢迎，有时士兵还会用茶水或碘溶液给浅色的马匹染色。虽然有一定局限性，但骑马实施侦察的效率较高。

马匹的速度

如果没有遇到限制性战术形势或极端天气，在路况较好的普通道路上，草料充足、身体状况良好的马匹能以每小时6—6.5英里的速度行军，每天最长行军距离约为35英里——强行军时，行军距离会更远，但这会降低人员和马匹的战斗效能。美国陆军估算了马匹在各种状态下的行军速度（马匹的标准行军“步态”为缓步和快步交替）：

缓步	4英里/小时
快步	8英里/小时
慢跑	10英里/小时
快跑	12英里/小时
疾驰	16英里/小时

自行车

从19世纪后期起，自行车一直被步兵用作交通工具。自行车的制造成本不高，操作和维护简单，且骑行时十分安静。在那个机动车相对较少的年代，大部分人都会骑自行车。士兵可以用自行车来携带自己的背包，甚至是轻型班组武器。

在正常的道路上行驶时，自行车的速度相当快。士兵保持每小时10英里的骑行速度不会过于疲劳，而每天行进100英里也并不困难。如果路况良好，自行车可为士兵提供出色的机动能力。如果需要爬上陡坡或通过凹凸不平的地面，士兵可以推着自行车前进，而不用卸下车上的背包和其他装备。也就是说，即使士兵暂时需要徒步前行，也不会丢失任何东西。在遇到溪流、山壑、茂密的灌木丛或较深的泥潭等无法推着自行车前进的地形时，由于自行车的重量较轻（只有50—60磅重），士兵完全可以用人力短途搬运。不过，自行车在山地、沼泽、密林或沙地中无法正常使用。而且，自行车在雪地上也用处不大——常见的做法是在冬天“将自行车单位改成滑雪单位”。

德军和日军广泛且有效地将自行车用于步兵机动和实施侦察，英军只在国内有限地使用这种交通工具，而美军和苏军则基本上不会使用自行车。

摩托车

普通摩托车可以运送两名士兵及其装备，带有侧斗的跨斗摩托车则可以运送三名士兵（也可用于携带机枪或轻型迫击炮）。虽然摩托车可以高速行驶，但它们发出的噪声很大。而且，由于摩托车的自重较重，所以其很难在路况较差的小径上行驶。崎岖的道路、泥地、沙地、雪地、茂密植被和陡坡都可能会限制摩托车的机动能力。在苏联冬季、春季和秋季的泥泞路面上，摩托车的用处不大，而在沙漠中，它们的轮胎也很快就会被磨破。

德军在侦察和机动步兵单位中大量使用了摩托车，但到1943年，德军将许多摩托车换成了轻型卡车和其他车辆。值得一提的是，大部分国家都将摩托车留给了信使和执行联络任务的士兵使用。

德军用跨斗摩托车来运送机枪、50毫米迫击炮、弹药，以及排部或连部人员。请注意，在这张照片中，摩托车上还捆扎着车组人员的背包和铺盖卷。

轻型车辆

在二战之前，就有侦察单位开始使用轻型卡车和轿车了。不过，紧凑型四轮驱动越野车（如吉普车）的出现，“赋予了侦察单位一种新能力”。吉普车的车体较小（低矮的车身使其很容易隐藏，目标也较小）、行驶时相对安静、机动性好、油耗低，并且能够在崎岖的道路上行驶（美国和德国曾少量装备了两栖改型吉普车）。通常情况下，一辆吉普车最多能够运送四名携带自动武器和远程电台的士兵。因为轻型车辆几乎没有装甲防护，所以速度是它们“生存的关键”。虽然吉普车的最高公路速度可达每小时 50 英里，但在大多数情况下它的行驶速度都在每小时 10—25 英里之间（在夜间和越野时，吉普车的行驶速度会更慢）。

美军的吉普车

因为步兵需要一种紧凑型四轮驱动全地形多功能车来取代摩托车，所以吉普车就应运而生了（该车型最初的定位是“由四轮驱动的重 0.25 吨的卡车”）。威利斯和福特汽车公司共生产了 640000 辆吉普车，并向盟国陆军大量供货。据说，“吉普”是第一次世界大战期间人们对机械师的昵称（在 20 世纪 30 年代已不再使用）。1936 年，漫画《大力水手》推出了一个角色——“尤金吉普”（Eugene the Jeep），它唯一会说的词就是“吉普，吉普”。至于更早出现的名为“吉普”的车辆包括：被改装为石油勘探车的 0.5 吨福特卡车（1936 年），以及明尼阿波利斯莫林公司于 1940 年提供给美国陆军的拖拉机式炮兵牵引车。有人认为，“吉普”一词可能源自福特 GP（读音为“Gee-Pee”，意为通用）。然而，另一些人认为，“GP”实际上是福特公司的开发代号——“G”指政府使用，“P”指 80 英寸轴距。直到 1950 年，“吉普”这个单词才成为商标。灵活的吉普车又被人称为“闪电马车”（Blitz wagon 或 Blitz buggy）、“班塔姆轿车”（Bantam car）或“Peep”。战地记者厄尼·派尔（Ernie Pyle）是这样描述吉普车的：“（它）像狗一样忠诚，像骡子一样强壮，又像山羊一样敏捷。”

二战时期，大部分国家使用的都是“四驱车”，但德国国防军只有两轮驱动的大众“桶车”（Kübelwagen，Sdkfz 82）。本照片中的这辆隶属于“非洲军团”的车，携带了一挺 7.92 毫米 MG34 机枪。

美国海军陆战队士兵缴获的一辆日本内燃机制造株式会社生产的侦察用 95 式 4×4 越野车（1935）。这种从民用型号改造而来的车辆，可被视为日本的吉普车。日军较少乘坐车辆实施侦察。在大部分太平洋岛屿上，日军都是徒步巡逻。

装甲作战车辆

侦察单位会使用多种装甲作战车辆（AFV）。这些车辆的重量相对较轻，装甲防护和火力也比较薄弱，主要“依靠较小的车体、较快的速度、较高的敏捷性和天然隐蔽物来保障生存”。二战期间，由于经常被用于争夺情报，以及执行屏护和兵力节约任务，侦察用 AFV 的装甲和火力不断获得加强。

侦察车大多是小型轻装甲四轮车辆（通常仅配备一挺机枪，采用敞篷设计，没有旋转机枪塔），车组成员为 2—4 人。一般来说，这种车辆的装甲只能防御轻武器和炮弹破片。

装甲车的车体更大、重量更重，有 4 个、6 个或 8 个车轮，通常配有一个旋转机枪塔或炮塔。不过，这些装甲车的装甲仍然很薄，其武器可能是多挺机枪和（或）一门轻型火炮（口径一般为 20—37 毫米）。少数型号的装甲车拥有更大口径的火炮，

英国戴姆勒“澳洲野狗”侦察车。该车重 3 吨，最高公路速度为每小时 55 英里。该车的车身高度不到 5 英尺，很容易隐蔽，但其装甲很薄（最厚的装甲也才 30 毫米厚），火力也不强（仅有一挺口径为 0.303 英寸的布伦轻机枪）。照片中的这辆车的车身上，涂有比利时部队的标识。

美制 M8 装甲车重 8.7 吨，越野速度可达每小时 20 英里，公路速度可达每小时 55 英里。该车炮塔和车身正面装甲的厚度为 19 毫米。M8 装甲车的炮塔中装有一门 37 毫米炮，炮塔顶部的支座上安装有一挺口径为 0.30 英寸或 0.50 英寸的机枪。该车的辅助武器是一挺口径为 0.30 英寸的共轴机枪。

可以对敌方阵地实施火力压制、与敌人的同级 AFV 交战，或者保护其他侦察单位。二战时期，各国都不同程度地使用了侦察车和装甲车。

美国和德国大量使用了半履带车（装甲仍然很薄），这种敞篷车辆的后部装有履带，前部则是两个用于转向的车轮，多被用作指挥车、人员运送车和“自行重武器基座”。半履带车不仅越野能力不如全履带车辆，还操作困难。

有时候，侦察单位还会使用轻型坦克。虽然轻型坦克拥有比装甲车更厚的装甲，但其装甲厚度依然无法与主流的作战坦克相比。大多数轻型坦克都是被陆军部队淘汰的“过时货”。轻型坦克的车组成员为 3—4 人，其火力与装甲车的火力差不多。与装甲车相比，轻型坦克的防御能力和越野机动性略强。“小坦克”是轻型坦克的一个分支，仅装备了一挺机枪，勉强可以被称为“战车”。这种车辆的尺寸很小，越野机动性有限，其车组成员为 2 人。

英国和英联邦国家的陆军在包括侦察在内的多种战场任务中，使用了小型敞篷全履带“运送车”。虽然这种车辆也很“脆弱”，但其用途更广、效率更高。

武器与装备

无论是遂行侦察或战斗巡逻任务的步兵，还是机动侦察单位，都需要相对轻便且能提供较强火力的武器。徒步执行任务的巡逻队必须轻装行进，但即便努力避免接敌，其仍需要充足的火力，以便在与拥有优势兵力的敌人交战时扫清“障碍”。摩托化侦察单位也很依赖火力，因为其会在远离己方战线的地方（超出了己方支援武器的射程）行动。为了有能力摆脱困境，摩托化侦察单位需要火力强大的机枪和轻型火炮，以完成兵力节约任务和火力侦察任务。

步兵巡逻队和侦察单位大多使用“标准武器”，但其可能会携带“比普通步兵的正常配置更多的冲锋枪、自动步枪和机枪”。在 1943 年中期之前，步兵几乎没有便携式反坦克武器，他们只能使用反坦克手榴弹和枪榴弹、笨重且效果很差的反坦克枪，以及作用有限的应急武器来对抗坦克。有些情况下，侦察单位会使用轻型反坦克炮。不过，因为这些武器需要车辆来进行运输，所以侦察单位在执行许多任务时都无法使用它们。有时候，侦察单位会用轻型反坦克炮来充当固定警戒哨，或者在前出时用其提供掩护。1943 年，可以由一两名士兵携带并使用的反坦克武器开始出现，如美国的“巴祖卡”（Bazooka）、英国的 PIAT，以及德国的“铁拳”（Panzerfaust）和“坦克杀手”（Panzerschreck，又叫“战车噩梦”）。值得一提的是，当时苏军主要使用 14.5 毫米反坦克枪和反坦克手榴弹，而日军则主要使用反坦克炸药包和反坦克手榴弹。

战斗巡逻队有时会使用口径为 50—60 毫米的轻型迫击炮（射程通常低于 1000 码），但如果该巡逻队是徒步行进，那么其所能携带的弹药数量就会十分有限。因为一般只需要打击距离相对较近的视距内目标，所以这类巡逻队也没有必要携带更重型的武器。而且，如果能够通过电台或野战电话与指挥部联系，巡逻队还可以要求重型迫击炮和野战炮单位提供支援。

装备

与武器一样，侦察单位的装备也大多是“标准装备”。不过，为了能顺利前往目标地点，指南针是侦察单位必不可少的装备。指南针不仅能指出北方和提供方位角，还可以与地图“相结合”，用来确定未知地点和侦察单位所在的位置。

双筒望远镜是侦察单位探测和观察敌方活动、检视地形特性，以及搜索敌方留下的各种迹象的必要工具。它们在夜间也有一定的用处，可以提供“观察”阴影的能力。典型的双筒望远镜的放大倍数为6倍或7倍。大部分双筒望远镜的镜头上都有视距线，可用来估算目标的距离和宽度。侦察单位使用的其他光学仪器包括手持潜望镜、观测望远镜和小型双向重合测距仪。

地图是侦察单位用来导航和标记战场信息的必备工具。出于安全原因，侦察单位不会把“友军”的数据标记在地图上。此外，信息和更新内容可以写在描图纸或透明图上，而不必直接在地图上做标记。一般来说，军用地图上叠印了

一支英军巡逻队正在迅速通过德军放弃的意大利城镇废墟中的空地。照片中的这些士兵没有携带网状装备[①]，但拥有充足的火力：巡逻队队长携带了一支汤普森冲锋枪，紧随其后的是一名步枪兵，再后面是一名冲锋枪手和一个轻机枪小队（装备了一支布伦轻机枪和一支步枪）。

① 网状装备（Web Equipment）指的是由尼龙、棉等材料编织而成的各类军事装具，可用于携带武器、弹药和生活用品等物资。

方格坐标系（每个格子通常代表1000平方码或1000平方米的区域），以便实施侦察的士兵精确地绘制各个地点的位置和名称。当然，不同的国家往往会采用不同的坐标系。值得一提的是，“地图通常是过时的，侦察单位应该记录相关变化，并向上级指挥部报告”。如果没有充足的地图，实施侦察的士兵会得到简单的草图——图上会标出关键地标。有时候，航空照片也能充当地图的最新替代品。

对于夜间巡逻队而言，手电筒是阅读地图必备的工具（可以用防水斗篷遮挡光线）。有时候，手电筒还能充当“信号发射器”。此外，执行巡逻或侦察任务的士兵还会携带手表以掌握时间（比如，用来维持时间计划并在预先商定的时间发出无线电报告）。

本照片拍摄的是一个德军步兵班——这是一张摆拍的照片。在各国陆军中，步兵班（美军称其为“Squad”，英军称其为“Section”，德军称其为“Gruppe”）是步兵巡逻队的基础单位。在这张照片中，除了跪坐着的班长（军衔为下士）之外，所有人都身穿帆布迷彩斗篷——可以遮雨和提供伪装（比如，可在一定程度上避免被敌机发现）。许多巡逻队会轻装行动，但德国步兵班习惯携带7.92毫米MG34机枪。（康科德出版公司）

服装

标准季节野战服是步兵侦察单位的常规服装。虽然部队偶尔也会下发迷彩服，但这种服装很少作为侦察单位的专用服装。1943—1944 年，美国陆军和海军陆战队在太平洋战场上使用了一些可以两面穿的迷彩服，但美军很快就淘汰了这种迷彩服（这种迷彩服的设计不佳，而且其所用布料的重量也很重）。1944—1945 年，英国步兵侦察兵和狙击手在可能的情况下，会有限度地使用空降兵的“丹尼森”（Denison）迷彩服。战争的最后几个月，原为英国山地部队开发的防风罩衫和防水外裤的迷彩版本被广泛下发给在欧洲作战的步兵单位，但并不专供侦察单位使用。此外，苏军也向一些侦察兵和狙击手下发了连体迷彩服。

几名美国海军陆战队士兵正在越过一条齐膝深的小溪。在丛林中“生活”，身上被弄湿是一种常态。美国陆军在诺曼底撤回了下发的少数迷彩服，因为它们会被人误认为是武装党卫队的作战服。

日军虽然擅长临时伪装，但并没有下发印有迷彩图案的军服。不过在战场上，日军身穿用植物纤维制作的带披肩的短上衣的情况很普遍。德国陆军在战争后期才下发了印有迷彩图案的罩衫，而且其数量也很少——与英国陆军一样，“执行步兵巡逻任务的步枪兵很少能获得这种服装”。在德军中，迷彩服最多的部队是武装党卫队。

许多国家（包括苏联和日本）的军队，都会使用插有树枝的小型单兵伪装网。而且，士兵们还会刻意对头盔进行伪装，以打破其独特的轮廓，并避免反光。一些国家的陆军还会在头盔上喷涂颜色较暗的迷彩图案，并下发头盔带和头盔网，以方便士兵在头盔上固定植物。美国海军陆战队、德国武装党卫队，以及一些德国空军伞兵部队都曾列装过印有迷彩图案的头盔罩，但德国陆军获得的这种装备的数量较少。

值得一提的是，美国陆军还下发了白色雪地伪装服——这种服装在英国步兵中更为常见。当然，使用白色雪地伪装服最多的国家是芬兰、苏联，以及晚些时候的德国。从 1943 年起，德国陆军和武装党卫队接收了带有衬垫的、可以两面穿的冬季军服（一面印有迷彩图案，另一面则为纯白色）。

通信

二战之前，通信单位主要依靠信使来传递情报信息。虽然各国军队也尝试过其他手段［包括使用野战电话和电报、信号旗和旗语、信号灯、日光反射信号器（回光仪）、军号和信鸽］，但这些手段都有明显的局限性。便携式无线电发射机和接收机的出现，是军事领域的一个重大突破，这种装备在情报领域的影响巨大。这种几乎可以实时报告相关信息的装备，“为战争做出了巨大贡献”。

虽然无线电在第一次世界大战中就得到了有限的应用，但人们对无线电理论的理解并不充分，因此无线电的发展速度也明显比其他技术的发展速度更缓慢。战间期（从一战结束后，到二战爆发前的这段时期），电台得到了巨大的改进，变得轻便且坚固，可以由士兵或车辆运送。然而，电台仍然有严重的局限性。虽然出现了一些便携式型号，但其仍然很重。有时候，士兵们不得不把电台拆成几部分，分开携带接收机、发射机、电池或手摇发电机，以及天线和附件。此外，当时的电台运行起来很不稳定，需要精确调频和校准。最重要的是，士兵在搬运电台时要非常小心（当时的电台采用了脆弱的真空管）。

二战时期，电台分为两类。一开始，大部分电台都是调幅（AM）电台，这类电台可以远距离传输信号，使用连续波（CW）传输方式和人工编码（莫尔斯码）。这种电台无法在移动中操作，而且必须架设指向某个方向的长线天线。传输信息时，士兵必须用手摇发电机持续为沉重的电池充电（这是一个耗时且难以隐蔽的工作）。调幅电台虽然可以传输语音信号，但其传输语音信号的距离很短。可以说，调幅电台并不适合需要快速移动的部队。

当时的电台笨重、脆弱且不可靠。这张照片中的德军侦察兵身穿雪地伪装服，正搭乘一辆 3 号突击炮前往出发点。照片中的这种架设在装甲车辆顶部的 Torn.fu.1 背包式电台，无法在移动中使用。（康科德出版公司）

随着战争的推进，各国军队开始大量使用调频（FM）电台。这种电台的重量更轻，结构更紧凑，可由单人携带。然而，当时的调频电台只能实现视距内通信——这并不是说两名电台操作员必须能够互相看见，而是山脉或高山会阻隔无线电信号。与电影中所描绘的情景不同，调频电台的传输距离非常短：美军的手持步话机（其昵称为“handie-talkie”）的通信距离只有1英里左右，背包式步话机（其昵称为“walkie-talkie”）的通信距离为3—5英里。这些调频电台依靠电池供电，其电池笨重且不耐用。而且，调频电台的频段覆盖率有限，一种电台往往无法与另一种电台“联网”。

当时，车载电台的通信距离可能会比便携式电台的通信距离远一点，但也远不了多少——除非它使用的是调幅连续波。不过，车载电台的优势是它们可以由车辆的电气系统供电。摩托化侦察单位通常会配备数量充足的电台，其配备的电台甚至会比坦克部队多。

当时，野战电话被侦察单位广泛应用，其应用范围甚至超出了人们的想象。固定观察哨（OP）、监听哨和警戒阵地可以通过地面线路与上级指挥部联系。巡逻队拖着野战电话线只前进几百码的距离，以便能立即报告信息并呼叫火力支援的情况并不少见。

各国军队还会使用其他手段来标示巡逻队的位置，尤其是向友军飞机示意——这一点非常重要——巡逻队会在战线前方行动，而飞机与地面部队之间无法直接通过无线电进行联络。这些手段包括将彩色标记板（有时候是国旗）平放在地面上，或者将其固定在车辆顶部——这对于摩托化侦察单位而言特别重要，因为在空中徘徊的飞机有“盲目攻击车辆的坏名声”。美军会用红色、黄色、黑色和白色标记板来组成一些代号或符号（会预先确定它们所代表的意思）。日军采用的则是一种颇为复杂的方法：用很长的白色标记板组成“T”字形图案，以标示阵地的侧翼和中央；将较窄的红色、黑色或蓝色标记板放在白色标记板上，使其看上去像是带有一圈白色镶边，再将小的白色三角形标记板摆放在由白色标记板组成的“T”字形图案的特定位置上，以表示营及营以下规模的部队（比如日军会用放在白色标记板上的蓝色标记板、“T”字形图案下端的三角形标志和“T”字形图案横杠部分右侧的一个斜角来表示师属侦察单位）。毫无疑问，这套复杂的方法是某个坐在办公桌后面的官员设计出来的，其在实际作战条件下究竟能发挥多大作用很值得商榷。

用彩色烟幕弹、烟雾罐和信号弹来标示友军阵地、敌军阵地或传达简单的信息，是一种常见手段。不过，军队必须谨慎使用这种手段，因为交战双方有时会借助彩色烟幕弹和照明弹来误导或迷惑对方的飞机。在某些特定情况下，照明

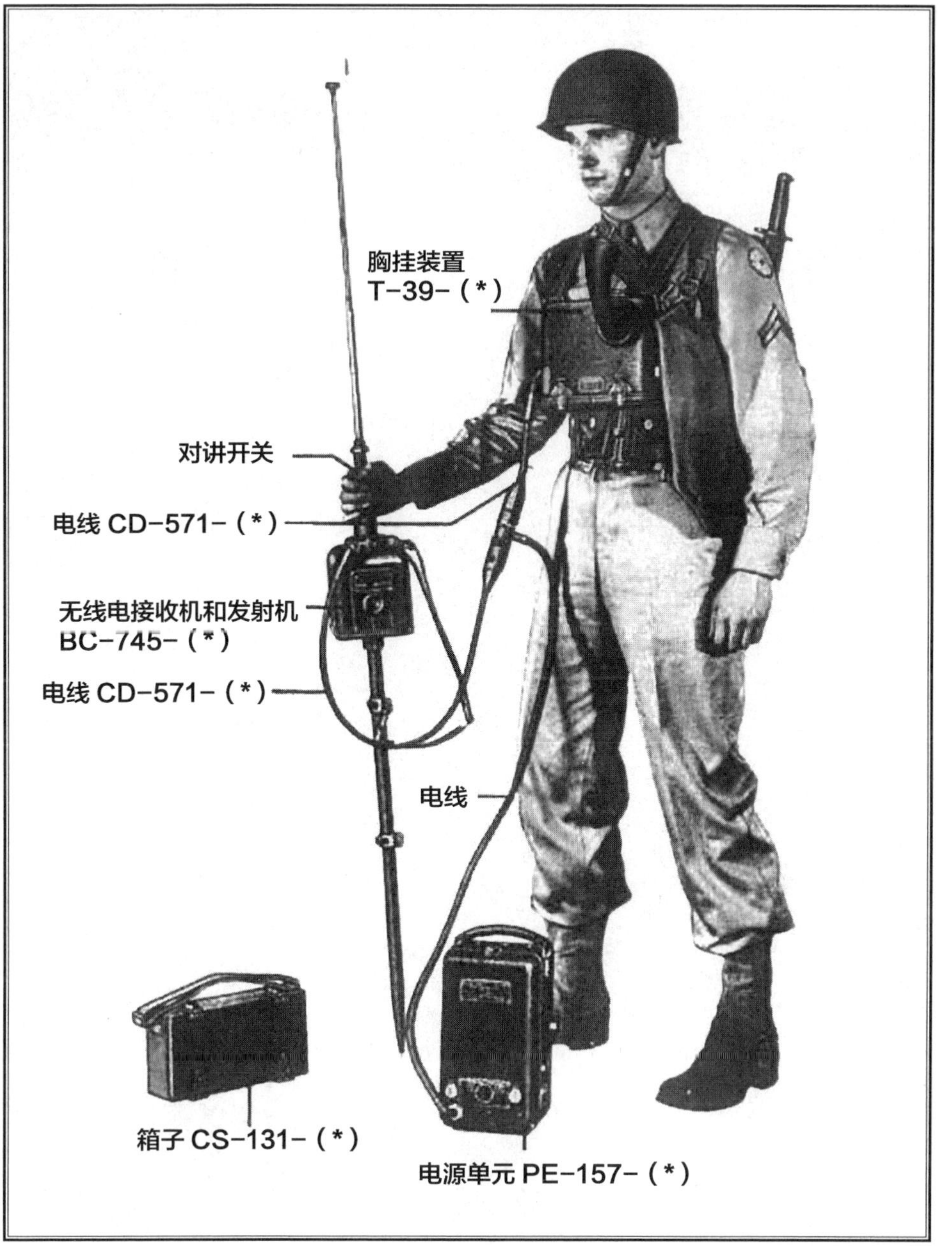

美国陆军下级单位使用的主流小型电台——SCR-511（这张插图展示了这种小型短程电台的复杂构造）。直至 1943 年 SCR-536 手持式步话机推出后，该电台才陆续被淘汰。SCR-511 的传输距离只有几英里，它原本是为骑兵研发的，旨在为骑马执行侦察任务的士兵提供快速汇报信息的途径。请注意，该电台底部的杆状物可以插入马镫上的旗袋中。

Torn.fu.1 背包式电台（主要供德国连级和营级部队使用）。该电台可分装在两个箱子里：一个箱子用于存放发射机和接收机，一个箱子用于存放电源和附件（包括拆卸后的天线）。士兵在使用 Torn.fu.1 背包式电台时，必须架设杆天线或线天线——这降低了该电台在巡逻队中的实用性（康科德出版公司）

弹可被用来表示某种局势、发布某项命令及报告相关情况，如用特殊颜色的照明弹（或组合使用不同的照明弹）来表示“已经与敌接战”“友军巡逻队返回”“停止射击或转移火力”“重复上一次射击任务”“撤退或脱离接触”“停火”“目标已实现”等意思。

士兵在巡逻队内部传达信息时，会采用做手势或低声交谈的方式（在接敌后还可以使用哨子）。摩托化侦察单位有时会使用一对可手持使用的彩色旗子来传达命令、指示行动，以及体现编队变化情况。

战术和技术

巡逻队的编成

不管哪个国家，由步兵单位负责执行的巡逻任务（包括侦察巡逻任务）都较为相似。各国步兵下级单位的组织结构差别不大，巡逻任务通常由步兵排和步兵班承担。步兵排由一个人数较少的排部和三个步兵班（德军和苏军的排有时下辖 4 个班）组成，排部由一名排长（军衔为中尉或高级军士）和一名副排长指挥，有时会配备轻型班组武器。一个班通常有 8—14 名士兵，由一名下士或中士指挥，装备 1 至 2 挺轻机枪（或自动步枪）和至少一支枪榴弹发射器。除了机枪手外，班里的大部分士兵都会装备步枪（也有可能装备 1 支或更多的冲锋枪）。从 1943 年起，步兵排开始装备便携式反坦克武器，有时候步兵班也会装备这种武器。

一支准备出发执行任务的美军巡逻队。有时美军士兵会不戴头盔，以减轻负重、增强听觉和视觉，并避免发出噪声和暴露目标（头盔的轮廓比较显眼）。照片中的士兵轻装上阵，大多只携带了一条子弹带。一般来说，侦察巡逻队只会携带足以使其摆脱接触的武器。

基本的巡逻单位是步兵班。大部分步兵班的编成内都有一个步枪小组（由班长指挥）和一个2至4人的自动武器小组[有时由副班长指挥，装备一支自动步枪（AR）或一挺轻机枪（LMG）]。二战期间，步兵班的人员配备和任务有所变化，但美国陆军的班通常由12人组成（一名班长、一名副班长、八名步枪兵，以及两名自动步枪小组成员）。1944年4月，美国海军陆战队将其编成内的班的规模扩编为13人，包括一名班长、三个火力小组（每个火力小组均有一个组长）、一个有两名成员的自动步枪小组和一名步枪兵。英国和英联邦国家军队的班由10人组成（通常会有六名步枪兵），日本军队的班由13人组成（有九名步枪兵）。苏联红军的排通常下辖三个拥有九名士兵的班，其中两个班各有五支步枪和一挺轻机枪，而另一个班则有三支步枪和两挺轻机枪。

在战斗中，各班只有5—7人的情况并不少见。在大部分班中，班长都会指定一名步枪兵负责运送自动步枪或轻机枪的弹药，有时还会让一名步枪兵携带枪榴弹发射器。英国、苏联和德国军队的班长通常会携带一支冲锋枪。不过，空降兵、摩托化步兵（装甲步兵），以及突击队、游骑兵等特种单位的班的编成与普通步兵不同。

通常，巡逻队是以班和排为基础组成的，必要时其规模会有所变化。根据任务、地形和敌情的不同，巡逻队可能会得到其他增援。战斗巡逻队可能会携带爆破材料，以便摧毁敌方装备或工事。

多数情况下，上级指挥官需要精心规划巡逻队的规模。巡逻队的规模越小，越不容易被敌方发现——因为其发出的噪音更小、留下的痕迹更不明显。而且，在路况不佳和能见度较低时，规模较小的巡逻队更容易控制，行进速度也更快。然而，即便巡逻队渗透敌军战线或在敌军附近行动只是为了收集信息，其与敌人接触的可能性也很大。如果与敌人接战，规模较小的巡逻队的“存活概率”相对较低。因此指挥官必须权衡利弊，“达成某种平衡”——“哪怕给仅有6个人的巡逻队配发额外的自动武器，一旦其遭遇敌军的一个排，巡逻队里的士兵的存活概率也不会比仅携带步枪时高多少”。

在执行某些侦察任务和短途局部警戒巡逻任务时，一支巡逻队往往只有三四名士兵且不会携带班用自动武器。这种巡逻队的任务只是报告其看到的情况，并避免与敌人接触。通常情况下，还会有一个士兵远远跟在队伍后面——他被称为“后派人员”——若巡逻队遭到敌人伏击，他可以迅速逃走并带回消息。

一般来说，班级规模的巡逻队不仅有火力上的优势，还有一些其他优势（比如士兵彼此熟悉，队伍凝聚力较强）。战斗巡逻队的任务包括：伏击或驱离敌方巡逻队；抓捕俘虏；骚扰敌方前沿阵地；刺探敌方前沿阵地的情况；渗透敌方战线，攻击其后方设施；攻击特定前线目标。执行这些任务时，班级规模的巡逻队可能会得到另一个班的支援。在这种情况下，该巡逻队可能会由排长、副排长或资深的班长率领。

有时，某些战斗巡逻任务会被分配给一整个排（该排可能会得到额外的班组武器加强）。不过，这种规模的巡逻队并不常见。一个排的士兵可能会一起出发，但在抵达目标区域后，“该排会拆分为若干规模较小的巡逻队”（各负责特定的地点、区域或路线）。有时，巡逻队里还会增添一些专业人员（如工兵、爆破手、摄像师、翻译或向导等）。

巡逻队队长总是会指派一名助手（副队长），并让其殿后，以确保没有人掉队——地面起伏不平和能见度不佳时很容易发生这种事。在规模较大的巡逻队里，队长将指派一人负责率领各班并执行特定任务，比如率领“抓俘虏小组”、后方或侧翼警戒小组、搜索小组和突击小组等。

巡逻队队长会跟在排头兵身后，借助地图和指南针导航。夜间机动时，队长可能会指定一名士兵计算步数，以辅助估算移动距离。携带班用自动武器的士兵，可能会走在队长的前方，或者紧紧跟在队长身后，且其应始终处在队伍中较为靠前的位置（如此一来，无论是正面遭遇敌人，还是侧翼遇敌，其都能迅速投入战斗）。而携带其他班组武器的士兵，则需保持一定间隔向前推进。

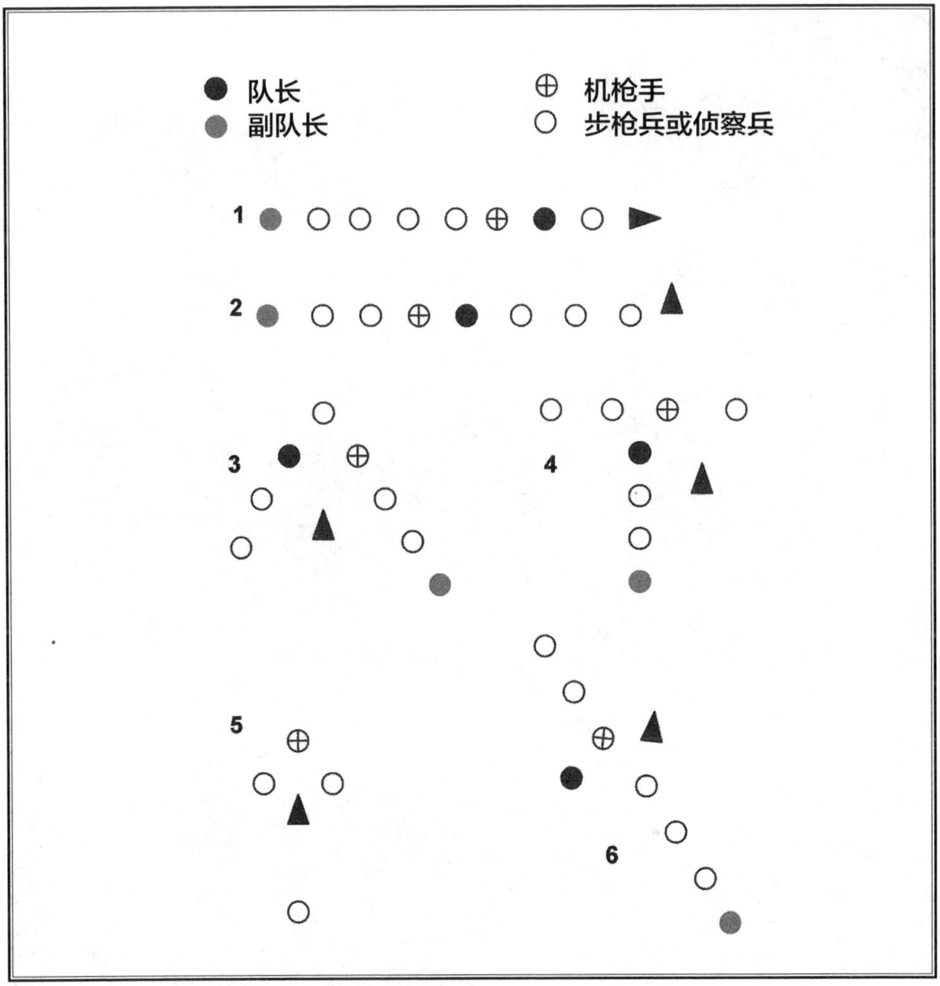

根据战术形势、地形和能见度的不同，巡逻队的队形也会改变。这张图片展示的是一支由八个人组成的巡逻队。队长、副队长及机枪手的位置，可能会因战术形势、控制需求或个人偏好的不同而有所不同。在不同的队形中，士兵之间的间距并不一样。在本图中：

1. 单列纵队，多用于植被茂密、能见度不佳等需要加强控制和提高速度的地方。在开阔地，该纵队可以展开。

2. 散兵线，多用于搜索一个区域或预计可能与敌人正面接触时。

3. 正楔形队形。该队形可增强巡逻队正面和侧翼的火力。不过，在采用这种队形时，巡逻队移动速度较慢且难以控制——特别是在能见度不佳、路面起伏不平或四周杂草丛生的情况下。

4. “T”字队形。巡逻队很少采用这种队形，但该队形可以加强队伍正面和侧翼的火力。如果正面接敌，采用该队形的巡逻队的“尾部”将向右或左移动以推进到战线上。

5. 小型侦察巡逻队经常采用的队形。请注意，有一名“后派人员”远远跟在队伍的后面（巡逻队应处于其视线范围内）。

6. 梯次队形（又名梯次编队，图中展示的是“右梯次队形”）。采用这种队形时，巡逻队移动速度很慢且难以控制。一般来说，“巡逻队只会在翼侧有敌情顾虑时采用该队形”。

两名德军军士准备率领巡逻队出发。照片中的两人都携带了 6×30 通用双筒望远镜。军士长（右）携带了一只地图箱（可用于存放地图、地形草图、透明图和报告表格），下士（左）携带了一支采用弹鼓（弹容量为 70 发）供弹的苏制 7.62 毫米 PPSh-41 冲锋枪。下士携带该武器并不是因为它比 MP40 好用，而只是为了增强巡逻队的自动火力。

出发之前，巡逻队队长会检查队员们的状态和装备，具体的检查项目如下：

1. 队员的身体条件是否适合执行任务。
2. 队员是否携带了契合当地气候条件的军服和装备。
3. 每个人的武器是否可以正常使用，弹药是否充足，水壶有没有装满，口粮是否足够。
4. 队员有没有携带任何不必要的装备，以及是否带有会反光或产生摩擦声的东西。
5. 确保每个人都知晓相关口令、任务和自身在编队里的位置。
6. 电台是否能正常工作，频段、呼号和密码是否已准备妥当。
7. 是否携带了手电筒（夜间巡逻队）。

各国军队的对比

美国

美国（机械化）骑兵侦察小队

人员155名；31支0.30英寸步枪、129支0.30英寸卡宾枪、26支0.45英寸冲锋枪；25挺0.30英寸机枪、16挺0.50英寸机枪；9门60毫米迫击炮；5具2.36英寸“巴祖卡”；13辆装甲车、4辆半履带车、2辆卡车、24辆吉普车。

从独立战争时期开始，美军就有实施侦察的习惯，“侦察的重要性已经深植于美军的军事思想中”。骑兵是美国陆军实施侦察的“先行者”，其侦察范围相对较大。虽然海军陆战队主要关注“滩头侦察”，但其对侦察战术也很重视。

尽管有悠久的侦察传统，但美国陆军和海军陆战队的侦察单位大多只有连级规模（相较而言，大多数国家的陆军会设立营级规模的侦察单位）。1940年9月，美军为新的三三制步兵师设立了由155人组成的“机械化侦察小队”（连级规模，配备了装有机枪的怀特M3A1敞篷侦察车和吉普车）。1943年7月，这一单位更名为骑兵侦察小队。大部分情况下，侦察单位会采用与其所属师相同的编号，如第7骑兵侦察小队便隶属于第7步兵师。

在对英德两国的侦察行动进行研究之后，美军坦克歼击部队司令部要求配备装甲车，这促成了装备37毫米火炮的M8“灰猎犬”装甲车（与其类似的M20多用途装甲车采用了敞篷式舱室，配备了一挺0.50英寸机枪，仅供坦克歼击部队使用）的诞生。M8直到1943年年中才投入使用。在此之前，美军侦察单位使用的是M3A1侦察车——每个分排配备三辆，其中一辆负责牵引一门37毫米反坦克炮。有时候，M3A1半履带车也会被作为替代车辆使用（有些部队一直用到1944年）。

美军侦察小队有一个队部，队部配备了三辆M8和四辆吉普车。此外，行政、补给和炊事部门会共用一辆M8、四辆半履带车、两辆2.5吨卡车和两辆吉

这张航空照片展示了美军在意大利多山地形中进行战斗巡逻（排级规模）所涉及的复杂规划。虽然我们看不清细节，但原始照片“讲述了一个复杂的故事”。美军在这张照片上标注了敌方的阵地和战线（雉堞线上的暗色方块，辐射状的箭头代表敌方射界）。

巡逻队从起始点（IP）出发，离开美军战线（左下角倾斜的雉堞线），向地图上方移动——其路线用带箭头的实线表示。巡逻队会先前往 1 号检查点（CP1），再从那里沿一道峡谷向东行进，然后再向北走到一道山脊的底部。接下来，一个步兵班会在一挺机枪的掩护下向北移动，爬上东面的山顶（带箭头的虚线），其可在这里为对目标（O）发起攻击的友军提供火力支援。执行攻击任务的士兵会向北爬上西面的山顶，并在 2 号检查点（CP2）暂歇，向总部汇报他们的进展情况。随后，他们会前往目标地点，突袭敌方阵地并抓获一名俘虏。向西南方撤退到 3 号检查点（CP3）后，他们会报告行动成功，并估算抵达美军战线的时间。不久后，他们在起始点西边不远处越过了美军战线。负责提供火力支援的士兵可能会从原路返回起始点，也可能会横穿 1 号检查点以北的峡谷，在 3 号检查点与主力会合。

普车。三个侦察排各有一个装甲车分排（有三辆 M8 或半履带车）、一个侦察分排（有三辆装备了机枪的吉普车和三辆携带了 60 毫米迫击炮的吉普车，这些吉普车会成对行动）。

某个位于太平洋的较大的岛屿上，一支美军巡逻队正在穿过的一条溪流。从照片中可以看出，茂密的丛林为士兵提供了很好的掩护，但同样也给敌方的反侦察巡逻队提供了掩护——两支巡逻队很可能突然在近距离遭遇并交火。此外，茂密的植被还大大降低了巡逻队的移动速度。

在太平洋战场上，侦察单位的装备通常更轻便。虽然侦察单位装备了各种车辆，但在太平洋的岛屿上，士兵们往往会徒步行进或使用吉普车。在菲律宾附近的较大的岛屿上，由于公路的状况更好，士兵们一般会使用装甲车。

缺少侦察单位的空降师，临时组建了由 32 人组成的、乘坐吉普车的侦察排——这一侦察单位在 1944 年年底或 1945 年年初定型。空降后，侦察排会徒步行动，直到滑翔机、运输机或海上梯队送来吉普车。至于装甲师下辖的（装甲）侦察营，则于 1943 年 9 月被改名为机械化骑兵侦察中队。

从 1941 年起，海军陆战师开始下辖一个由 175 人组成的侦察连。这种侦察连属于轻型坦克营建制内的单位，比如第 1 海军陆战师第 1 轻型坦克营 E 连（侦察）。这些侦察连之所以隶属于坦克营，是为了共享坦克营的维护设施。一开始，这种侦察连下辖三个侦察车排（每个排各有四辆 M3A1 侦察车）和一个侦察排（有四辆吉普车和四辆摩托车）。1942 年年末，这些尚未参加过任何战斗的侦察单位被改组为四个排，每个排有八辆吉普车（侦察车和摩托车不适合在热带岛屿上使用）。后来美军发现，吉普车的用处也很小，侦察连在执行任务时要么徒步行进，要么使用橡皮艇。1943 年夏季或秋季，由于不再需要维护车辆，上述侦察连（此时的编制人数为 139 人）不再隶属于坦克营，而是改隶师部营 [如第 1 海军陆战师师部营 E 连（侦察）]。1944 年春季，这些侦察连采用了与所属师相匹配的番号，如第 1 海军陆战师第 1 侦察连。此时的侦察连由三个规模较小的排组成，编制人数为 127 人，没有配备任何车辆。除了常规任务，这些侦察连还会承担一些在太平洋岛屿上作战时的特殊任务：保证各团之间的缺口的安全（尤其是在地形极端复杂的情况下）；作为师属预备队，为减员严重的团提供增援；提供滩头防御以对抗日军的抗登陆行动；实施后方扫荡；充当阻止渗透者的第二道防线及指挥部的警卫；在小珊瑚岛上登陆以肃清日军警戒哨或散兵游勇；在某些情况下，保证较大目标岛屿附近的小岛的安全，以支持炮兵营从这些小岛上对主登陆行动提供支援。

美国陆军步兵团的团部连中有一个情报与侦察（I&R）排。这个排有 25 人，下辖一个排部（有一辆装有 0.50 英寸机枪的吉普车）和两个班（各有 3 辆吉普车，这些车辆上原本并没有搭载武器，但后来美军在部分吉普车上安装了 0.30 英寸或 0.50 英寸机枪）。步兵营有一名情报军士和六名情报侦察（观察）员，这些人能够协助指挥所里的情报军官，并以信息收集专业人士的身份为观察哨或巡逻队提供帮助。某些情况下，各营会以情报侦察员为骨干来组建自己的情报与侦察小组（或情报与侦察排）。各营下辖的侦察单位可能拥有车辆，也可能徒步行动。伞降和滑翔机机降步兵团没有配备情报与侦察排，其侦察任务有时候会由爆破排来承担。

美国海军陆战队的团部和营部中也有类似的情报侦察员（主要伴随巡逻队行动）。1943 年 4 月，团部连中增添了一个由 33 人组成的侦察排（狙击排）——虽然这个单位很有价值，但还是于 1944 年 4 月被撤销了编制。

最初，美国陆军和海军陆战队的步兵班会指定两名士兵为侦察兵，班长和侦察兵会率先实施机动。不过，事实证明这种方案不切实际，因为班长和侦察兵往往会过早出现伤亡或陷入困境。1944 年，美军不再采用这种做法，“侦察兵被步枪兵取代了——所有步枪兵都是侦察兵”。

如上文所述，步兵巡逻任务通常由步兵班承担。在植被茂密、能见度较差的太平洋岛屿上，原则上应该派遣规模更大的巡逻队。一般来说，达到排级规模的侦察巡逻队很少见，有些情况下巡逻队里甚至只有两三名士兵。步兵排只有一台通信距离在 1 英里左右的手持式步话机——这种设备直到 1943 年年末才普及。在丛林中，执行短程巡逻任务的士兵会拖着电话线，用野战电话保持联络，但在其他地方，这种方法并不实用。

不管地形如何，侦察巡逻队都要学会从一个隐蔽的地物“跃进”（Bound）到下一个地物。靠近敌军时，跃进距离应较短，接近可疑位置时，巡逻队应派一名侦察兵向前机动，而其余人员则要负责实施掩护。在了解了相关情况之后，侦察兵会挥手示意巡逻队前进。士兵们得到的教导是，“两人一组行动”。巡逻队会根据地形、植被和能见度，来选择不同的队形。每名士兵在移动和停止时，都会被分配一个观察区域（为了降低被发现的风险,休息的时间很短）。在茂密的植被中，巡逻队通常会采用单列纵队，但在不那么隐蔽的地方，士兵们会分散前进。一名侦察兵可能会走在巡逻队前面 150 码处，但在实际战斗中其很少这么做——因为他很可能脱离队伍或被敌人发现。勘察特定区域时，巡逻队会采用散兵线队形，以覆盖尽可能大的范围。最后，在穿越危险区域（公路、溪流、篱笆、林中空地和其他暴露点）时，巡逻队会特别小心。

车体较高的装甲车有助于提高观察效果，但其引人注目的外观也使它们更容易被敌人发现并遭到攻击。照片里的这辆英制亨伯 Mk Ⅱ型装甲车高约 7 英尺 8 英寸，隶属于某步兵师下辖的侦察团（营级规模）。该车的车组成员为 3 人，车上的旋转机枪塔内装有 15 毫米和 7.92 毫米“贝萨”机枪（Mk Ⅳ型则装备了和美制“灰猎犬”一样的 37 毫米炮）。亨伯装甲车的满载重量为 6.4 吨，最高公路速度为每小时 45 英里。

实际上，从前文的航空照片上的标注就可以看出，巡逻计划往往非常复杂。德军和日军都觉得美军巡逻队缺乏耐心——过于急躁，难以连续数小时维持静止与安静状态，并且伪装方式也较为粗糙简陋。

美军巡逻行动实例

1943 年 3 月，巴丹半岛，日军在发动主攻的前几个晚上越来越频繁地实施突袭——他们试图借此找到美军阵地并抓获一些俘虏。面对这种情况，美军也跟着发动了袭击，并加强了巡逻——目的是骚扰敌军、减慢敌军的集结速度、确定敌军集结地点及主攻目标。

1945 年 4 月，美军在冲绳登陆之后，发现日军在滩头地区几乎未设防（彼时，日军已撤往内陆构筑防线）。日军的阵地伪装得很好，美军无法通过空中侦察发现太多东西。因此，美军接连派遣战斗巡逻队去侦察敌军阵地。许多美军战斗巡逻队成功渗透进了日军阵地，并在安全撤离后带回了相关情报。

1944 年 10 月，德军在许特根森林构建了大规模防御阵地。由于持续的大雾和降雨天气，隐藏在密林中的阵地难以被人察觉。而且，美军发起的攻击行动，也因起伏不平的地形、恶劣的天气和分散的德军阵地而受阻。因此，美国第 29 步兵师派班级规模的巡逻队沿着山脊和峡谷实施侦察，并成功收集了一些关于德军阵地的信息。不过，这些德军部队之间通常缺乏联系，俘虏也不清楚友邻部队所处的位置。这就使得美军每次推进时，都必须重复实施侦察，以明确地形条件和敌军部署。当时，美军团属情报与侦察排的士兵常常弃用吉普车，选择徒步行动，因为森林里的公路都处在德军的火力覆盖之下。

英国

英国有派骑兵担任各级部队侦察兵的传统。1939 年，被派往法国的英国远征军各步兵师均拥有一个建制内的师属机械化骑兵团（实际上是营级规模的部队，拥有 28 辆轻型坦克和 44 辆装甲车）。不过，1940 年 4 月，这些机械化骑兵团被从步兵师里抽调出来，“用以组建总司令部预备队下辖的各个旅”。1940 年 5—6 月，德军师属侦察营的作用得到了广泛认可。敦刻尔克大撤退后，巴塞洛缪委员会提议组建专门的侦察营，并为其配备机械化装备和重火力——这些侦察营最初隶属于军级部队，但后来只要条件允许，每个步兵师都设立了此类单位。

1941 年 1 月，新的侦察单位成立了。很快，新单位便开始采用骑兵的命名方式（于 1942 年 6 月得到批准）：师属侦察营、侦察连和侦察排分别被称作侦察团、侦察中队和侦察小队。侦察团装备了轻型装甲侦察车（LRC）和通用载具（一种小型全履带装甲车，又名“布伦”装甲运载车、通用运载车、通用装甲运载车）、轻型卡车和摩托车。根据 1943 年在突尼斯和西西里等地积累的经验，英军新添了不少配备旋转机枪塔且重量更重的装甲车。侦察团通常采用与所属师相同的编号，如第15（苏格兰）侦察团便隶属于第15（苏格兰）师。1944年1月，侦察部队被并入皇家装甲兵团，此后各团的名称后添加了字母“RAC”。

1944年夏季，诺曼底，一名英军观察员正在使用一部20倍望远镜。执行纯侦察任务时，英军倾向于派遣三人侦察队（在夜间出发，白天隐蔽观察，次日夜间返回）。至于战斗巡逻队，其不仅要负责追踪（搜索）敌方狙击手，还要派出己方侦察兵或狙击手。（皇家版权）

英国侦察团（1942年）

人员770名；675支0.303英寸步枪、12支9毫米冲锋枪；126挺0.303英寸轻机枪；48支0.55英寸反坦克枪；8门6磅反坦克炮；18门2英寸迫击炮、6门3英寸迫击炮；45辆轻型侦察车、67辆通用载具、71辆摩托车、90辆其他车辆（卡车、吉普车）。

1943年10月，在新几内亚岛菲尼斯特雷山脉海拔5500英尺的沙吉岭（Shaggy ridge）上，第一次到这个战略要地巡逻的两名澳大利亚第7师前沿侦察兵身处靠近日军战线的地方。请注意，其中一名侦察兵的9毫米欧文冲锋枪被改装成了“双弹匣形态”。在英国和英联邦国家的军队中，冲锋枪是颇受巡逻队指挥官青睐的武器，有时巡逻队的其他成员也喜欢使用这种武器。自1942年遭到日军第一波猛攻后，澳大利亚军队在新几内亚采用了积极的巡逻战术，即经常在日军可能经过的小道上设伏。夜间，四处巡查的巡逻队悄然在友军前哨站间穿梭以挫败渗透者。出于相同的目的，负责掩护后方区域的部队也会在道路崎岖的环境（如杂草丛生的峡谷）中巡逻或者设伏。

1942年起，侦察团下辖一个团部中队（下辖防空小队、反坦克小队和迫击炮小队）和三个侦察中队。除团部中队外，每个中队都下辖两个侦察小队和一个突击小队：每个侦察小队都配备了四辆LRC（后来改为三辆LRC和两辆装甲车）和六辆通用载具；突击小队下辖四个8人制步兵班（由轻型卡车运输，负责在目标区域展开徒步巡逻并保障目标区域的安全）。在拥有各种各样的车辆和重武器之后，侦察团可以在任何地形条件下执行多种任务。后来，部分侦察单位甚至配备了安装在半履带车上的美制75毫米炮，并将之用于实施火力支援。不过，在实际作战中，不同战区的侦察单位拥有的车辆类型和数量各不相同。

虽然组建之初的用途是承担保护性侦察（屏护和反侦察）任务，但侦察团越来越多地被各师用于执行先头侦察、屏护侧翼和保护缺口等任务，以及承担与美国陆军师属侦察单位相同的“临机任务”。侦察单位的推进方案有三种：“绿色移动”（Move in Green）——不太可能遇到敌人；“褐色移动”（Move in Amber）——可能与敌人接触，需要降低推进速度；“红色移动”（Move in Red）——很可能与敌人接触，要大幅度降低推进速度，且对可能的敌方阵地仔细实施侦察。

战争期间，英国装甲师进行了一系列令人费解的改组：1940 年时没有师属侦察单位，1942 年时拥有一个装甲车团（配备了 58 辆装甲车），1944 年时拥有一个装甲侦察团（配备了 61 辆中型坦克和 11 辆轻型坦克）。第 1 空降师有一个滑翔机机降中队，后者配备了装有机枪的吉普车；第 6 空降师有一个规模较小的装甲侦察团，后者配备了吉普车、侦察车、通用载具，并下辖两个各配备了 4 辆轻型坦克（可空运）的“重型小队”。

虽然步兵旅和营没有专门的下属侦察单位，但英军的营有一个优势：下辖 4 个连，有充足的兵员来执行侦察和侧翼警戒等任务。此外，英军的步兵营还有一个由 53 人组成的通用载具排[配备了 13 辆通用载具、12 辆摩托车（其中 4 辆带有侧斗）和两辆轻型卡车]。配备了轻机枪、轻型反坦克武器和迫击炮的通用载具排，能在防御和进攻中承担多种战斗任务。而且，通用载具排也很适合执行侦察任务，可被用于勘察步兵营占据的阵地、进行侧翼侦察以联络友邻部队、在主防御阵地前进行短程昼间侦察。在撤退时，通用载具排还可被用于侦察后续防御阵地。在执行这些任务时，通用载具排可能会得到步兵班、工兵，以及中型机枪、迫击炮、反坦克炮的支援。

美国陆军在《情报简报》（1943 年 8 月）上，刊登了一名英军下级军官对战斗巡逻和侦察巡逻的看法：

巡逻的准备工作必须细致入微且全面周到。在派出战斗巡逻队之前，队长至少要花一天的时间观察他们即将前往的实际哨位，仔细勘察准确的线路。如果队长在当天结束时还不满意，巡逻队将暂缓出发，队长会再花一天时间进行前期准备。我们有些人倾向于在下午四五点考虑巡逻事项，并在当晚派出巡逻队。但如果想要进行有价值的战斗巡逻，那么巡逻队必须从一开始就有胜算……

不是6比4或平局，而是2比1的胜率。要做到这一点，你的信息就必须是最新、最翔实的。

在战斗巡逻队的构成方面，存在着很多不同的观点。在本营中，我们采取“最强火力、最少人力”的原则，我们的巡逻队通常由1名军官、1名军士和9名士兵组成——换言之，巡逻队拥有1个突击小组（1名军官、3名投弹手和3名冲锋枪手）和1个支援小组（1名军士和3名布伦轻机枪手）。

最好的侦察巡逻队，应由1名军官或军士和2名士兵组成，他们在夜间出动，保持清醒并在次日观察一整天，在第二天晚上返回。

英国和英联邦国家军队巡逻行动实例

在北非，有许多英国和澳大利亚夜间巡逻队渗透德军战线，花费最多3个小时的时间来收集信息（如记录防御阵地、炮兵、指挥所和补给仓库的位置）的例子。其他巡逻队还会冒险进入沙漠定位敌方雷区，并通过触摸和小心试探的方式来确定雷区的宽度和地雷的密度——这是一个极其缓慢和危险的过程。在地形特征不明显的沙漠中执行任务时，巡逻队会在昼间或者黄昏时勘察夜间路线，并放置木桩——木桩上固定有一个罐头盒，里边装有一支手电筒。罐头盒朝向“友军”的一侧开有一个小孔，一旦天黑，手电筒发出的灯光在数英里外都可看到。

在沙漠中执行侦察任务的巡逻队为避免与敌人正面接触，通常会尽可能轻装行动，只携带足以摆脱接触的弹药和手榴弹（放在棉质步枪子弹带和口袋里）。士兵们通常会携带刀具，以便悄无声息地杀伤敌人。在沙漠的夜晚，官兵们必须穿着温暖的服装，有时他们还会在毛衣外面套上机械师的工装裤。为了保持安静，他们会将头盔换成针织帽，把带有平头钉的靴子换成帆布橡胶鞋或绉胶底鞋，或者在靴子外面套上袜子。

1941年4—11月，被围困在图卜鲁格（Tobruk）的澳大利亚守军堪称“特别有进取心的巡逻者和突袭者”。比如，一支8人突袭巡逻队在接到摧毁德军一处机枪掩体、抓捕俘虏的任务后，从前哨站和前沿阵地之间渗透，迂回至目标机枪掩体后方。然后，这支突袭巡逻队发现并避开了一支正在雷区作业的敌军，还记录了相关信息以便在返回后报告。接下来，巡逻队的士兵“小心翼翼地摸到了可凭借月光看清目标机枪掩体轮廓的位置”，先投掷手榴弹，再冲向敌军阵地，抓获一名俘虏并消灭了其他敌人。返程时，由于敌人已经被惊动，突袭巡逻队面临的形势十分危险。不过，这支队伍还是按时安全返回，并带回了一份有价值的情报，而其付出的代价仅仅是两名士兵轻伤。

1941—1942 年，在英属马来亚和缅甸，英国和英联邦国家的军队面对日军的进攻束手无策。待印度—缅甸边境的局势稳定下来之后，他们立刻着手对步兵丛林作战战术进行了全面修订，并“特别强调了下属单位的自主作战能力”。修订后的相关战术包含了积极巡逻的理念，各步兵营营部也组建了由精挑细选的官兵组成的专业排。受地形条件限制、侦察机数量稀少且日军惯于寻找地图上未标明的小路等因素影响，英国和英联邦国家的步兵必须开展大规模巡逻：巡逻队的规模不一，有的只有 3 个人，有的达到了班级规模，甚至排级规模。这些巡逻队时常在前沿部队前方 15 英里处行动。从某种意义上来说，因为在丛林地形环境中有效作战需要下级单位在孤立无援的情况下发挥主动性，所以大部分步兵丛林作战战术都参考了巡逻行动的规范。

1944 年秋季，在荷兰，萨默塞特轻步兵团 4 营的西德尼 • 雅里（Sydney Jarry）中尉不赞同“战斗学校”所制定的“夜间战斗巡逻队的人数为 8—12 人”这一规定 [比如，在奉命侦察大约 3 英里外一个果园中的疑似德军排阵地时，他选择由 6 人组成巡逻队：他本人手持一支柯尔特手枪（还携带了 4 枚手榴弹），率领一个两人布伦轻机枪组（携带 7 个弹匣）和 3 名装备“斯登”冲锋枪的士兵（每人携带 5 个弹匣和 4 枚手榴弹）]。雅里（他因多次率领巡逻队成功完成任务而受到表彰，获得了军功十字勋章）认为，在局势相对平稳的防区，派遣战斗巡逻队的理由往往并不充分。

苏联

苏联侦察连

人员 120 名；70 支 7.62 毫米步枪、36 支 7.62 毫米冲锋枪；9 挺 7.62 毫米轻机枪；3 门 50 毫米迫击炮；9 辆中型卡车。

尽管苏联红军的总体规模庞大，但其编成内的侦察单位数量相对较少。在1942—1943年期间，苏联组建了许多摩托车营和摩托车团，其中大部分被分配给了机械化军。由于摩托车在极寒天气下无法使用，所以还有一些装甲车营被用于执行侦察任务——这种单位在冰雪环境下的机动性更好（装甲车也能为乘员遮住寒风）。苏联有一定数量的骑兵建制——虽然大部分骑兵会“作为攻击部队参与作战”，但一些团或营级规模的骑兵单位会在其他部队中承担侦察任务。虽然苏联会在冬季组建滑雪步兵和雪地摩托营（或团），但其主要被用于执行攻击任务，而非承担侦察任务。“雪地摩托是一种用飞机发动机驱动的载具”，该载具上安装有一挺机枪，车组成员为两人。

1941年战争爆发时，苏联红军步兵师编成内有一个328人的侦察营（Razvedka Batalon），该营下辖规模较小的摩托化步兵连、装甲车连（拥有10辆BA-20装甲车）和轻型坦克连（拥有16辆T-37或T-38坦克）。不过，该侦察营的装甲车和轻型两栖坦克只装备了7.62毫米机枪。由于损失惨重，这些侦察营存在的时间很短。于1941—1942年改组的苏联红军步兵师下辖一个规模较小的侦察连（Razvedka Kompaniya）——在战争余下的时间中，这种侦察连一直是师属侦察单位。

与西方国家的类似单位相比，苏联红军的许多部队的规模更小。比如，苏联红军侦察连的编制兵力为120人，到1943年时减少至103人。此类侦察连编成内有一个连部和三个排，每个排有三个12人制班，每个班有一挺轻机枪、四支冲锋枪和七支步枪。此外，每个排还有三辆卡车和一个四人制50毫米迫击炮组。一般情况下，规模较小的连部和三个排的部分人员会乘坐九辆卡车。后来，苏联红军缩减了侦察连的规模——虽然不再配备迫击炮且裁减了一些步枪兵，但其得到了更多的冲锋枪。战争期间，侦察连非常缺乏卡车（在冬季会使用配发的滑雪板，有些单位还会使用马匹）。除了规模较小、火力薄弱之外，侦察连最大的问题是只有一部电台。缺少电台，是苏联红军所有部队都存在的“缺陷”。

苏联红军的步兵团编成内有一个“乘马侦察排”和一个“徒步侦察排”。由22人组成的乘马侦察排主要承担屏护侧翼任务，其下辖的两个班会在行进中的步兵团两侧巡逻；由49人组成的徒步侦察排下辖四个班，会在部队前方实施侦察。在防御行动中，徒步侦察排会为前哨站提供人员，而乘马侦察排则会在前方巡逻。

一名做好了行动准备的苏联红军侦察兵。这名侦察兵身着宽松的一体式迷彩服（上面印有独特的橄榄绿色“云彩”图案），手持一支 7.62 毫米 PPSh-41 冲锋枪。请注意，他的手上还握了一枚带有易脱破片套筒的 RG-42 手榴弹。（康科德出版公司）

这名苏联红军侦察兵身上有三件重要物品：冲锋枪、双筒望远镜和雪地伪装服。在无法获得雪地伪装服时，侦察兵们会在雪地里打滚，让雪沾在军服上。在极度寒冷的天气中，雪会在军服上保留一段时间。如果周围有植被，橄榄绿色和白色混杂的伪装服会比全白色的伪装服更好。

当时，6-PK电台是苏军的标准装备——这种电台较为笨重、维护起来不太方便，性能也很平庸。（尼克 · 科尼什）

美国通过“租借法案”向苏联红军提供的M3A1“怀特”侦察车（这种侦察车装备了一挺0.50英寸机枪）。虽然这种车辆已在美国军队中被淘汰，但仍普遍被其他盟国陆军用于实施“机械化侦察”。（尼克·科尼什）

1942 年，徒步侦察排减少了一个班的编制。1943 年，每个步兵团的编成内只有一个由 11 人组成的乘马侦察排和一个由 25 人组成的徒步侦察排——这些侦察排的人数，只够勉强执行任务。在许多情况下，马匹都被分配到了其他部队（或者被饥饿的士兵吃掉了）。

苏联红军的观点是：侦察单位的任务很纯粹，就是隐蔽地收集信息，避免与敌人接触且不要留下任何存在的痕迹。与战斗巡逻队不同的是，苏联侦察兵通常不会“为了情报而战”——“Razvedka”（俄语侦察的意思）一词也可以翻译为情报、侦察或间谍活动。这是大部分苏联侦察兵只能徒步行进的原因之一，但徒步行进会导致他们的行动范围较小、报告信息的能力较弱。在苏联红军中，有些侦察单位会使用卡车将各班运输到与目标相距不太远的地方，而有些侦察单位则会使用马匹、滑雪板和雪地鞋。

1942 年版《苏联红军步兵作战手册》对实施侦察的步兵班做了详细说明。侦察连也使用了相同的战术，经常派下辖各班单独执行任务。各班会在安全线之前勘察特定地点或方向——白天的勘察距离约 2 千米，夜间的勘察距离约 1 千米。如果有必要，侦察兵也可能会被派到侧翼（白天最远侦察距离为 300 米，夜间最远侦察距离为 100 米）。一旦进入勘察区域，各班将依次建立观察哨，并调查该区域内的敌军活动迹象。如果有必要，班长将率领一两名侦察兵对该区域进行勘察，而其他人员则会留在观察哨，以便在班长与敌交火时提供掩护。随后，班长会指定下一个观察哨的位置，侦察兵将率先前出到该哨位，而其余人员则会陆续跟进。

遇到障碍时，侦察兵需要先确定周围是否有敌人埋伏：若有埋伏，他们将选择绕路；若没有埋伏，他们将尝试越过障碍，并标记路径。单独的建筑物、小树林、大片灌木丛、峡谷和其他可能藏有敌人的地方都需要被仔细搜索。如果遭遇小股敌人，巡逻队会尝试在不开火的情况下俘虏对方。侦察兵需要对敌人占据的地区进行全面搜索，寻找有价值的情报。

苏联会派遣连级规模，甚至营级或团级规模的部队实施“威力侦察”（Razvedka Boem）。这些部队不仅能得到炮兵火力支援，还常有坦克伴随前进。苏联人发起这种“攻击行动”的主要目的是抓捕俘虏（有时候是为了夺取重要地点）。

为避免遭到偷袭而建立的前哨站，位于主抵抗线前方，两者之间的距离白天为 600 米，夜间为 200 米。较小的卫星前哨站，最远可以设在较大的前哨站前方 200 米处。大型前哨站里通常会驻扎一个排或两个班，小型前哨站里会驻扎一个班。也就是说，一个班可以分为三个轮次执勤，在敌人可能靠近的路线上设置由两人组成的警戒哨——白天最远的前出距离为 100 米，夜间为 50 米。根据相关规定，如发现敌方小型巡逻队，警戒哨和小型前哨站“不会阻止该巡逻队经过，会将其交由后方较大的前哨站处理”。如果发现敌方突击部队，前哨站指挥员会派出一名信使，向较大的前哨站和上级部队示警。如果敌方突击部队出现在可能发现前哨站的路线上，前哨站里的士兵将开火并后撤。执行任务返回时，巡逻队将向前哨站报告任何有用的信息，然后再重返本方战线，前往指挥部报告。

事实证明，苏联红军战士特别擅长在森林、沼泽地和山区里遂行巡逻。虽然冰雪缩短和降低了他们的行动半径和速度，但他们可以在能获得滑雪板和雪地鞋的地方将这一劣势转化成优势——德军往往缺乏这些雪地装备，尤其是他们在 1941—1942 年首次经历苏联的严冬时（寒冷的天气给德军的反侦察巡逻队带来极大不便）。虽然有些苏联红军士兵会滑雪，但步兵单位还是需要接受为期 14 天的越野滑雪训练，以及适当的体能训练。至于包括侦察兵在内的专业滑雪部队，则需要接受为期两个月的授课（其内容包含冬季作战战术和技术）。

苏联红军战士擅长对小股敌军（如德军侦察巡逻队）实施伏击，以及潜行奇袭孤立的前哨站，以抓捕俘虏或取得情报。他们会精心伪装，然后再埋伏几个小时，直到机会出现。班级规模的夜间巡逻队可能会携带轻机枪和50毫米迫击炮，而排级规模的巡逻队可能会携带重机枪和反坦克武器，甚至是 45 毫米反坦克炮。

在 1939—1940 年的“冬季战争”中，付出了沉重代价的苏联红军从芬兰军队那里学到了一些很实用的经验：

> 对在冬季实施突袭的巡逻队（或侦察队）来说，最有价值的目标是敌人的随军野战炊事车——在极寒天气中，夺走敌人的热食和饮水，可迅速降低其作战效能。

苏联红军还在艰苦的战斗中发现，在实施防御时，不仅要向正面和侧面派出巡逻队，还要派人在后方巡逻，以确保“敌军渗透人员或纵深巡逻队不会切断己方补给路线”。

值得补充说明的是，苏军曾派遣大量的平民（尤其是儿童）执行情报收集任务。而且，8—14 岁的儿童也会接受为期 4 周的正式培训课程。此外，德军也学会了围捕在其防区内发现的“独行平民”。

德军在一份评估报告中，承认了苏军巡逻技术的灵活性：

在稳定的战线上，苏军用巡逻队实施侦察，或者进行威力侦察。（苏军巡逻队）非常擅长在攻击和防御行动中实施战斗侦察。苏军知道如何根据地形调整侦察巡逻队，以及如何大量使用这种巡逻队。（我们）很难通过敌人的巡逻（侦察）活动，看出其意图。

苏联红军巡逻活动实例

苏联红军的一个师在被包围后，奉命突围返回己方战线。该师派出了数十个昼间巡逻队，以寻找德军战线上最为薄弱的位置。这片森林里的树木长得十分茂密，只有几条小径，没有公路。巡逻队穿越森林中树木最为繁茂的地方，因为德军在这种区域部署的兵力可能较为薄弱。许多巡逻队无法返回。夜幕降临时，巡逻队找到了德军一个防守薄弱的防区。然后，该师下辖的步兵团开始脱离接触，按照指示前往这个防守薄弱的防区——发现该防区的巡逻队引导一个突击营在前方开路，苏联红军的殿后部队则负责迷惑德军，让其误以为阵地上仍有人驻扎。为了增强迷惑效果，苏联红军还让撤退中的各团派出战斗巡逻队，去积极试探德军战线的其他部分，营造出试图突围的假象。虽然许多战斗巡逻队被德军歼灭，但仍有部分战士设法突出了重围。

在斯大林格勒和其他城市里，苏联红军挑选精锐的侦察兵，组成两人小组或三人小组。这些战士会穿过迷宫般的房屋废墟，寻觅德军战线上隐藏的缺口。他们会先用白布条来标示路径，然后返回己方阵地，再引导袭击部队或突击部队穿越德军战线。这些部队会对德军后方的指挥所、迫击炮阵地和补给仓库发起进攻，抓捕俘虏，从后方袭击据点，或者在德军后方建立己方据点以支援正面突击。

德国

德国侦察营（1941 年）

人员 623 名；550 支 7.92 毫米步枪、30 支 9 毫米冲锋枪；25 挺 7.92 毫米轻机枪、2 挺 7.92 毫米重机枪；3 门 37 毫米反坦克炮；3 门 50 毫米迫击炮；2 门 75 毫米步兵炮；3 辆装甲侦察车、50 辆摩托车、49 辆卡车 / 轿车；260 匹马。

战前，在需要实施侦察时，德军会从骑兵团（Kavallerie Regimenter）抽调连级部队到步兵师。德军反坦克营下辖一个自行车连。战争开始时，德军将原有的骑兵团拆分开，改隶步兵师和山地师。值得一提的是，这些团里有两个比较特殊的营：第 1 骑兵营（Ⅰ. Reiter Abteilung）有 5 个骑兵中队；第 2 自行车营（Ⅱ. Radfahrer Abteilung）有 3 个自行车中队，以及营属反坦克中队、重武器中队和通信中队。

战前，德军的团级部队会为步兵师的侦察营（Aufklärungs Abteilungen，又译作“侦察分队”，每个师有 3—5 个这种单位）提供骨干。根据“动员波次”的不同，各师下辖的侦察营的组织结构也会有所不同。第一波次和第二波次的各师，下辖一个由 623 人组成的侦察营——包括一个规模较小的营部、一个“乘马中队”[①]、一个自行车中队（Radfahrer Schwadron）和一个重型中队 [Schwere Schwadron，配备三门 37 毫米反坦克炮、两门 75 毫米步兵炮、2—3 辆轻型装甲侦察车（装有机枪的 SdKfz 221 轻型装甲侦察车。通常来说，还会有一辆 SdKfz 222 电台车）]。战争开始后，德军从预备役里征调的第三波次和第四波次步兵师都会有两个自行车中队，但没有“乘马中队”，也没有装甲车。

---

① 在德军的传统番号中，Kavallerie一词大多指的是独立骑兵部队，而Reiter一词大多指的是非独立的“乘马部队”。Reiter也可译作“骑卒”，如“骑卒中队”。

1941 年夏季，苏联，德军的一个侦察营。请注意，这些摩托车的头灯上的白色“G”字母盖住了古德里安装甲集群的标识。这张照片中的重型装甲车是一辆 SdKfz 231 Waffenwagen，该车装备了 7.92 毫米机枪和一门 20 毫米机炮。（康科德出版公司）

这些德军士兵似乎来自第 4 警察师。他们正在使用一艘苏联人的小艇来勘察一处沼泽地——小艇在普里皮亚季沼泽这样的地形中用处极大。请注意本照片的最右边，那名只露出小半个身子的士兵携带了一挺捷克斯洛伐克造 7.92 毫米 zb 26 轻机枪。武装党卫队曾广泛使用这种武器，并称其为 MG26（t）。（康科德出版公司）

“乘马中队”下辖三个排，每个排有一个小型“排部”和 3 个由 12 人组成的班（Gruppen），每个班有一挺 7.92 毫米 MG34 机枪。自行车中队的组织结构与“乘马中队”的类似，但其排部有一个由两辆跨斗摩托车运送的 50 毫米迫击炮班。此外，自行车中队还有一个重型排（装备了两挺安装在三脚架上的 MG34 机枪和 11 辆跨斗摩托车）。

随着战争的推进，“侦察营也在演变”。在 1942 年的东线战场上，许多师遭到重创，以至于只能将反坦克营和侦察营合并为装甲歼击车与侦察营。1942 年年末，这些营被改称“快速营”（Schnelle Abteilungen）；1943 年年初，这些营又被改组。此时的近战特性使马匹在积极侦察行动中不再实用，而且很多部队本来就缺少马匹。更重要的是，照料和喂养马匹的负担也比较大。

1942 年 10—11 月，侦察营被改名为“自行车营”，并按照其所属师的惯例进行编号，例如隶属于第 7 师的自行车营的编号为“Radfahr Abteilung 7”。此时的自行车营下辖两个自行车中队和一个重型中队。1943 年 3 月，自行车营再次被改名为“侦察营”，但有些营依然保留了原番号。1943 年 5 月到 11 月之间，许多师将其下辖的侦察营改名为“师属营”（Divisions Bataillon）。

随着德军在各条战线上转入防御作战，侦察营的用途被彻底改变了。此时，“情报获取单位”的存在价值很低，德军更想要的是作为师预备队和反攻部队的重武装机动作战单位——它们被分配到广阔的战线上，那里的各个师往往人员不足，无法接受“保留一个由两个营（甚至一个营）组成的团作为预备队”的做法。1943 年 7 月到 11 月，所有“师属营”和仍被称为“自行车营”或“侦察营”的单位再次被改建为“师属燧发枪营”。

后来，新的 1944 型步兵师投入实战，它们各拥有一个“师属燧发枪营”——其组织结构类似于步兵（为了鼓舞士气，此时他们被称为“掷弹兵”）团下属的步兵营。燧发枪营下辖一个重型连和三个步兵连，这些连大多配备了自行车。在 1943 年中期之前，各种形式的侦察单位还保持着骑兵的命名法，但在它们成为师属步兵预备队、没有任何侦察作用之后，这一做法也就被摒弃了。

除了师属侦察单位，步兵团从战前起就拥有一个由 35 人组成的乘马排（Reiter Zug），后者也是团部的一部分。这个排有一个由 5 人组成的排部，一个由 6 人组成的辎重队及 3 个由 8 人组成的班（Gruppen），而每个班又分为两个“行军小分队”（Abmärschen）——骑兵的基本作战单位。乘马排中的 29 名乘马的官兵会各携带一支步枪和一支手枪——他们没有自动武器。这个排主要负责承担短程侦察、屏护和传递信息的任务。1941 年德军入侵苏联期间，乘马排会前出很远的距离进行侦察、勘察路线、确定敌人的位置并掩护休息的步兵。由于当时德军所用的地图不精确，因此最远侦察距离达 80 千米的侦察行动特别重要。后来，乘马排用自行车取代了马匹，有些情况下士兵们还会使用摩托车。

武装党卫队与陆军的组织结构基本上是一样的，前者使用的也是陆军的战术手册。在武装党卫队中，一些老牌师会下辖一个武装党卫队侦察营（SS-Aufklärungs Abteilung），但后来成立的许多级别较低的师下辖的则是一个武装党卫队燧发枪营。

在苏联的冬季，自行车和乘马中队的人员会得到雪地鞋，团属乘马排的人员也可能会使用这种鞋子。在这些单位（尤其是自行车单位）中，有些人员还接受过滑雪训练。在北非，摩托车和“桶车”（Kübelwagen）[①] 则代替了马匹和自行车。

进攻时，侦察营下辖的各个分队会在其所属师前方（最多前出 25—30 千米）展开行动。各分队肩负多项关键任务，如勘察行军路线、防范敌人实施奇袭、确定敌人的位置等。一旦在预定行进路线上遭遇兵力占优之敌，这些分队就会放弃当前路线，转而寻找其他道路或防御力量更薄弱的区域。这些分队可能会得到工兵、反坦克单位和炮兵单位的增援。此外，各分队还要负责屏护己方暴露的侧翼和各进攻部队之间的缝隙。不过，不管具体任务是什么，这些分队都会进行地形侦察（Geländeerkundung）。

在没有补给的情况下，乘马部队的行动距离为 100 千米，自行车单位的行动距离为 150 千米，摩托化单位的行动距离则为 250 千米。一般来说，侦察单位的常规行动距离约为其所属师一天的行军距离（29 千米左右）。不过，摩托化单位的行动距离大约为 40 千米。乘马中队下辖的 3 个排，在各补充了一个电台小组后，会分散至约 10 千米远的地方，以屏护其所属师的侧翼。在常规行动中，各排白天外出执行任务，夜间返回驻地喂马。当然，如果部队计划提前出发，各排也有可能整夜都在外面执行任务。当所属师与敌军接触时，乘马中队很少进行先遣侦察，而是会屏护己方部队暴露的侧翼和“缝隙”。

步兵团的乘马排主要被用于在该团前方实施侦察及屏护侧翼。在德军入侵苏联期间，这些单位一天行进 70—80 千米的情况并不少见。由于没有配备电台，因此乘马排不得不派信使将收集到的信息传回指挥部——这也意味着部分士兵骑马的距离会更远。在防御作战中，乘马排的士兵会负责屏护己方正面、驱赶敌方巡逻队，以及充当信使。在有些情况下，乘马排在得到装备机枪的步兵班增援后，会承担战斗任务。在特殊情况下，乘马排的士兵甚至会充当团预备队，此时他们通常会装备机枪。

---

① 大众汽车公司推出的，由费迪南·保时捷设计的军用车辆，与美军的吉普车的用途相似。

一名正在审问战俘的德军翻译。侦察单位的主要任务之一是抓捕俘虏，以获取“可直接用于战术的信息”。苏联红军称这种俘虏为“舌头”（Yaziki）。由于盟军的空中优势日趋明显，德军的空中侦察受到了越来越大的限制，因此从俘虏那里获得的情报也变得更加重要。

后来，随着侦察单位的机械化程度的提升，轻型汽车、侦察车、装甲车和半履带车常被用于“覆盖正面”，而摩托车则被用于“覆盖缺口”和“加厚覆盖范围”。装备了侦察车和装甲车的战斗侦察（Gefechtsaufklärung）巡逻队一般拥有 3 辆车，其中一辆车会配备电台，而且通常会搭载一名炮兵前进观测员（他可以呼叫炮火支援）。巡逻任务通常会持续一两天时间，战斗侦察巡逻队的任务和目标都有明确的界定。如果遭遇敌人的前哨站，除非可以在不影响任务的前提下消灭或驱离敌军，否则战斗侦察巡逻队应避免采取行动。如果预计会遭遇顽强抵抗，战斗侦察巡逻队可能会配备突击炮或坦克。一般来说，战斗侦察巡逻队的装甲战斗车辆在行进时不会相距太远，但在通过开阔地时，它们之间的距离可能会达到 300 米。

当靠近障碍物时，德军会假定自己“正处于敌人的观察之下”。此时，领头的车辆会实施火力侦察，朝可能存在敌方阵地的方向射击。如果没有遭到敌方回击，士兵们会下车给障碍物系上拖索并尝试将其拉倒——如果无法拉倒，则会由工兵实施爆破。如果障碍物无法被炸开或越过，巡逻队的士兵则可能会带着机枪下车，在装甲战斗车辆的掩护下进行徒步侦察。在靠近林木线时，德军通常会派一辆侦察车驶至林木线边缘，先停下来观察，再迅速驶离，以此诱使敌军开火。

步兵连通常会派出一支由一名军士和三四名士兵组成的巡逻队或侦察队（Spahtrupp）——队伍后方会安排一名“后派人员”。这些巡逻队在行动中一般会避免与敌人接触，一旦遭到敌人攻击便会撤离。战斗巡逻队（Gefechtsspahtruppen）至少拥有一个班的兵力（通常人数会更多），且装备精良。由15—20人组成的战斗巡逻队通常会分为两组，一组负责侦察目标，另一组则负责提供掩护。工兵可能会加入巡逻队，他们的职责是引导巡逻队穿越己方雷区和障碍物（有时候他们甚至会为巡逻队开拓出一条通道）。战斗巡逻队还会对敌方前哨站进行试探，如果发现敌方兵力薄弱，就有可能发动攻击并占领该前哨站。在夺取敌方前哨站后，战斗巡逻队还会对其进行加固。

“承担特殊任务的巡逻队”（Spahtruppen mit besonderen Aufgaben）是为了执行特定任务而派遣的，其任务包括用爆炸物摧毁目标（这些目标可能位于敌方战线后方或双方战线之间）、攻击敌方巡逻队、在敌方押运路线上布设地雷，以及开展其他骚扰行动。德军有时候会在白天对夜间勘察目标实施迫击炮和火炮打击。天黑后，该目标会再次遭到炮击——此时，待命的巡逻队将立即行动，趁敌人隐蔽或发生混乱的时候进行近距离侦察。此外，德军的机枪、迫击炮和火炮火力会互相配合，以掩护被敌人发现的巡逻队撤退。有时候，德军还会用上述火力对与勘察地点相邻的敌方阵地进行骚扰，以分散敌人的注意力。

苏军对德军巡逻活动的评估

美国陆军曾在《情报公报》（1943年9月）上刊登了苏军对德军侦察的评估，该评估不仅提供了对德军侦察的深入见解，也提供了一些关于苏军反侦察行动的信息：

德军非常重视侦察。数十份下达到德国陆军部队的命令和信函都提醒各兵种必须实施地面侦察，不管这种工作是不是其主要职责。

在前线较为平静的时期，德军试图通过侦察了解如下情况：(a) 我方防线的位置和范围。(b) 我方据点的位置和构成。(c) 我方昼间和夜间部署的差异。(d) 我方障碍物和雷区的位置。(e) 我方部队的调动和新阵地。

德军试图准确、详细地侦察并报告我方部队、重型火炮、指挥部和预备队的部署情况。对于德军而言，我方部队的所有变化也同样重要，德军试图发现这些变化并得出有用的结论。这种侦察是通过观察员、监听哨、巡逻队或作战（威力侦察）进行的。

监听哨的报告特别受关注。在夜色掩护下，实施侦察的士兵会匍匐前进到尽可能靠近我方战线的地方，试图确定发出各种声音的位置——尤其是获取我方坦克、预备队、巡逻队调动、新炮兵阵地的位置和正处于挖掘中的工事的位置等相关信息。虽然监听哨有时候能发现重要情报，但我们可以不断地采取欺骗策略来误导他们。因为监听哨的报告会在昼间被德军通过目视观察核实，所以我们还必须欺骗目视观察员……例如，如果我们在夜间模拟过坦克的声音以利用在某些位置潜伏的德国侦察兵，那么就必须于次日在同样的位置布设相关联的伪装。

战斗巡逻队（其通常为一个排的规模）常在夜间进行侦察。这些巡逻队里的士兵配备有手榴弹和全自动手枪，通常在没有炮兵支援的情况下行动。他们会神不知鬼不觉地抵达侧翼阵地，随后突然袭击预先指定的目标，其目的是抓捕俘虏并进行审问。一般来说，他们的目标是负责监视和监听的侦察兵已经发现的目标。在夺取了几个前哨站后，德军会派出两三人的小分队进入我军后方区域。不过，机警的我方部队指挥官往往会利用这些战术来进行反侦察。

如果德军无法定位我们的前哨站和侧翼，或者认为这些目标都隐藏得很好，那么巡逻队在进行侦察之前，会先使用火炮和迫击炮发起攻击。在这种情况下，实施突袭的德军会分为攻击小组和支援小组。原则上，一两个小组会从正面推进，而其余小组则会从侧翼攻击指定目标。在此类行动之前的两三天里，德军会对目标和目标附近的阵地进行试射，不过德军在做好正式攻击准备之前就不会再对这一区域开火了。然而，在白天我们并不难发现正在学习攻击和火力支援方法的小股士兵，以及实施勘察任务的德军军官。当德军认为准备就绪之后，他们就会发动夜袭。如果我方单位发现逼近的各个小组并向其开火，德军会发出信号，通知事先准备好的炮兵进行支援。

威力侦察是德军所有侦察任务中，实施起来最为困难的。原则上，这种侦察任务应在发起攻击之前进行，其针对的是防御坚固的阵地。而在进行侦察之前，如上文所述的侦察小组将试图确定主要目标的边界。执行这种侦察的单位的规模从连级到营级不等，并且能得到炮兵的支援。如果德军预计会遭遇防御特别坚固、有预先准备障碍的阵地，那么侦察小组就会得到工兵、重炮和坦克加强。

德军试图尽可能迅速地实施威力侦察。如果第一次尝试未获得成功，他们往往会再次发起攻击，有时候还会在第一次尝试失败之后立刻发起新一轮攻击。这种攻击通常发生在下半夜或者黎明时分。白天，德军一般会保持对目标的密切观察。

日本

日军骑兵联队

人员950名;500支步枪和(或)卡宾枪;28挺6.5毫米或7.7毫米轻机枪、18挺6.5毫米或7.7毫米重机枪；4支20毫米反坦克枪；2门37毫米反坦克炮；18具50毫米掷弹筒;数量非常少的卡车；1100匹马。

日军侦察联队

人员730名；260支步枪和（或）卡宾枪；28挺6.5毫米或7.7毫米轻机枪、4挺6.5毫米或7.7毫米重机枪；4门37毫米或47毫米反坦克炮；16具50毫米掷弹筒；7辆装甲车或小坦克、6辆卡车；188匹马。

“仔细侦察”这一作战原则，往往因部队急于求成而被忽视——这是一个严重问题，因为日军惯于从意想不到的方向发动突然袭击，而且他们还喜欢在夜间发起进攻，在这种情况下，情报就显得更为重要了。在夜间发起进攻前，日军的进攻部队会派出小股兵力试探敌军阵地，以查明机枪和其他火力点的位置，但美军很快学会了“保持沉默，呼叫迫击炮火力并投掷手榴弹来干扰日军实施侦察，同时密切留意潜入者”。因此，这种盲目进攻的冲动行为常常导致日军遭受重大损失。

虽然相关条令要求在接敌行进或者会战期间实施广泛的侦察，但日军往往会毫不犹豫地在抵达作战区域且未做侦察的情况下立即逐步投入部队。因此，仓促进攻、缺乏协调的各个单位被切断、消灭或击退的情况很常见。因为缺乏准确情报，所以日军经常会贸然进攻有重兵把守的阵地或错误的区域。

步兵师团的编制里有一个骑兵联队（きへい れんたい。该联队有950人和约1100匹马）——下辖一个队部和辎重队、一个机枪中队、三个步枪中队或马刀中队（有些联队只有两个中队）。尽管这种骑兵联队有将近1000人，但其组织形式和营（大队）级部队类似：步枪或马刀中队下辖一个重机枪排（拥有2挺重机枪）、三个骑兵队（排）——每个骑兵队有三挺轻机枪和两具50毫米掷弹筒（“膝上迫击炮”）；机枪中队下辖两个各配备两挺机枪和两支20毫米反坦克枪的排、一个配备两门37毫米反坦克炮的排，以及一个弹药排。

大部分步兵师团都下辖一个730人的侦察联队（そばく れんたい），该联队是一个骑兵分支单位，后来逐步取代了骑兵联队。侦察联队下辖一个130人的队部和辎重队、一个乘马中队、两个以卡车为交通工具的步兵中队、一个小坦克或装甲车中队，以及一个卡车运输中队。乘马中队有130人，下辖四个排（每个排30人）。每个步兵中队有160人，下辖两个步兵排（每个排50人）、一个机枪排（24人，拥有两挺重机枪）和一个反坦克排（24人，拥有两门37毫米炮）。小坦克或装甲车中队有七辆装甲战斗车辆。卡车运输中队有100人，下辖两个排（至少在纸面上是这样的）——每个排负责运送一个步兵中队。

在实战中，尤其是在太平洋战场上，侦察联队的规模和重装备数量都远低于上述理论编制。乘马中队的士兵可能会使用自行车，但他们更经常徒步行动——两个以卡车为交通工具的步兵中队里的士兵也是如此，因为卡车经常被留在后方岛屿基地作为后勤运输工具。步兵中队通常缺少反坦克炮，而小坦克或装甲车中队（如果存在的话）则没有装备此类武器。因此，在太平洋战场上

正在进行演习的日军巡逻队，这支巡逻队的背后就是富士山。照片中的官兵们头戴软帽（带有用于识别身份的白色头带）——这种帽子的轮廓特征比较不明显，而且大部分人都用树叶对帽子进行了伪装。注意，左侧的士兵肩上和背包上都覆盖着笨重的临时伪装物。（泷泽彰）

日军和苏军通常都会在巡逻时装上刺刀。（泷泽彰）

作战的侦察联队基本上是由三个步兵中队（装备与同级步兵单位类似）组成的，其编成内只有 500—600 人。此外，拥有骑兵联队的步兵师团也对前者进行类似的调整——有些骑兵联队可能只有四个规模较小的中队。

日军自 1942 年转入防御作战之后，“侦察成了次要任务”。根据己方所处岛屿的规模、地形和战术情况，各部队的指挥官会以不同的方式部署侦察联队和骑兵联队。这些部队可能会执行一些侦察任务（尤其是在行动初期），可能被用作预备队，也可能在美军主力登陆后被分配到岛屿上的其他地区参与滩头防御。有时候，这些部队还可能负责守卫机场、第二条防线，以及被当成战线上的“另一个步兵大队”来使用。

有些完全没有侦察联队或骑兵联队的师团，可能会下辖一个“充当替代品”的轻战车中队（けいそうこうしゃ ちゅたい[①]）。三联队制步兵师团通常拥有一个小规模的步兵集群指挥部，以控制三个步兵联队，这个指挥部通常下辖一个用于执行侦察任务的轻战车中队。这个轻战车中队有 80—120 人，装备 10—17 辆仅有一挺 7.7 毫米机枪、乘员为两人的 92 式（1932 年）或 94 式（1934 年）小坦克。值得注意的是，日军在太平洋战场上很少使用小坦克来对抗美军，只在纳穆尔岛和吕宋岛上偶尔为之。

在日军中，步兵联队或大队没有成建制的侦察单位。日军的侦察单位和巡逻队也没有配备战术电台，因此只能依靠信使来传递消息。

日本于 1938 年发布的《作战要务令》（さくせん ようむれい），是日军巡逻行动的基本指南：

负责执行侦察任务的人员必须大胆冷静、充满激情且勇于担当。巡逻队的数量、编队和装备应该根据其目的与任务、敌军调动、地形和其他条件来决定。巡逻队成员的选拔（尤其是队长）非常重要。

徒步行进的巡逻队必须秘密行动。在夜间，士兵们可以更加靠近敌军以便完成任务。派出巡逻队时，应该明确侦察目标和返回时间。巡逻队应该得到充足的完成

---

① 字面意思为“轻装甲车中队”。

一支充分伪装的日军巡逻队正在一条溪流中行进。如果敌军飞机逼近，他们可以紧贴堤岸隐藏。虽然弄湿裤子和靴子令人不适，但与顺着模糊的动物足迹穿越丛林相比，沿溪流行进的速度要快得多，也不会那么让人疲劳。

任务的时间。于夜间派出巡逻队时，应只给其安排一个目标。如果有可能，应设置指示灯以指明目标方向，而且有必要对其装备做隔音处理。

为了长时间保持对敌观察，隐藏在某个地方是更好的做法。巡逻队必须充分理解总体形势和侦察目的，预先规划侦察路线与方法。侦察的主要方法是观察，但如果遭遇敌方巡逻队或小规模部队，只要任务允许就应积极行动。巡逻队的一般行动是从一个观察点转移到另一个地点。队长有时需单独前进或带上少数侦察兵进行侦察，将其余人员留在后方。休整时，巡逻队要预先寻觅一个合适的位置，其间不能放松观察和警惕。在敌对区域，巡逻队绝不能在同一个位置多次休整和宿营，也不能在村庄内或村庄周围停留太长时间。夜间，巡逻队需要频繁改变位置。在通信方面，应使用电台和简单密码。夜间，巡逻队必须通过询问口令的方式来确认彼此身份。

在植被茂密、地势起伏不定的所罗门群岛和新几内亚的较大岛屿上，执行巡逻任务的士兵需要掌握特殊技能。同时，日军在这些地区与盟军巡逻队接触频繁，因此伪装技能也极为关键。日军士兵非常擅长伪装——尽管他们此前并没有丛林作战的经验，也没有接受过相关特殊训练。

日军巡逻活动实例

日军巡逻队常常会在夜间骚扰敌人，诱使其暴露阵地。1942 年春季，在菲律宾，日军小型巡逻队不断以单兵和小组形式，从出人意料的位置开火、狙击、故意制造噪声和短暂现身并投掷爆竹以制造混乱。不过，日军的这些战术只能对没有经验的新兵起作用。

小股日军会从美军战线的“缝隙”和侧翼渗透，并在昼间保持隐蔽，直到在后面几个晚上得到其他小组的增援后，才会对战线后方的目标发动攻击，或者支援正面主攻。

1942 年年初，驻马来亚英军报告称，渗透到其侧翼和后方的日军曾在正面攻击开始时用纯正的英语高喊“撤退”。这种招数偶尔会奏效。日军的主攻小组会在逼近敌方战线时高声喧哗或唱歌以分散守军注意力，从而掩护渗透小组移动。在荷属东印度群岛，成功渗透的日军会在夜间通过窃听来了解澳大利亚和英国军官的姓名。随后，日军会在进攻过程中呼喊这些军官的名字，从回应声中确定后者的位置，或者发出要求后者撤退的假命令。

1942 年，驻缅甸英军和婆罗洲的荷兰军队报告称，日军巡逻队会故意暴露一些士兵以吸引火力，然后再摧毁暴露的机枪阵地。日军会穿越巡逻队在白天发现的铁丝网，用刀子割断铁丝并发动进攻——没有参与进攻的士兵会敲击竹棍以分散守军的注意力。

在马来亚，日军会怂恿当地人在进攻部队前方佯装难民，并让他们报告英军的位置。在 1944—1945 年的新不列颠，守卫拉包尔要塞的日军利用支持当地人作为“外部屏障”，让他们报告澳大利亚巡逻队靠近的消息。日军在新几内亚也采取过类似的做法。

在马来亚，日军的一支 4 人巡逻队携带轻机枪，成功渗透至英军战线后方，杀死了旅部指挥所中的 26 人。在菲律宾，日军频繁派遣由两三人组成且携带一挺轻机枪的巡逻队渗透敌方战线，并在后方发动随机袭击——这种行径引发了巨大的恐慌。此外，成功渗透盟军战线的日军，还会在确定了盟军机枪或迫击炮阵地的位置后，用两挺轻机枪集火射击并发射曳光弹，为己方迫击炮指示目标方向。

在太平洋岛屿上，日军巡逻队里的士兵常常以极其缓慢的速度，匍匐前进很长的距离，抵达观察阵地或渗透线。这些日军会为了伏击敌人而耐心等待几个小时，有时候他们还会埋伏在公路旁边的灌溉渠中。

日军通常倾向于派遣小型巡逻队。不过，当处于植被茂密的环境中时，日军会派遣规模较大的巡逻队——这主要是因为在这类环境中遭遇伏击的风险较高。1942 年，美军在瓜达尔卡纳尔岛伏击了一支由 25 人组成的日军巡逻队，并击毙其中 18 人。不过，由于这支日军巡逻队的规模较大，还是有部分士兵带着收集到的情报逃回了日军战线。

侦察巡逻队可能还会建立临时观察哨以监视敌方活动。照片中的这名德国山地兵正在使用 6 × 30 Sf14z 潜望镜（“剪刀双筒望远镜”）来观察敌情，这种望远镜也被士兵们称作“驴耳朵”。在美国军队中，这类设备被称为 BC（炮兵连长）望远镜。（康科德出版公司）

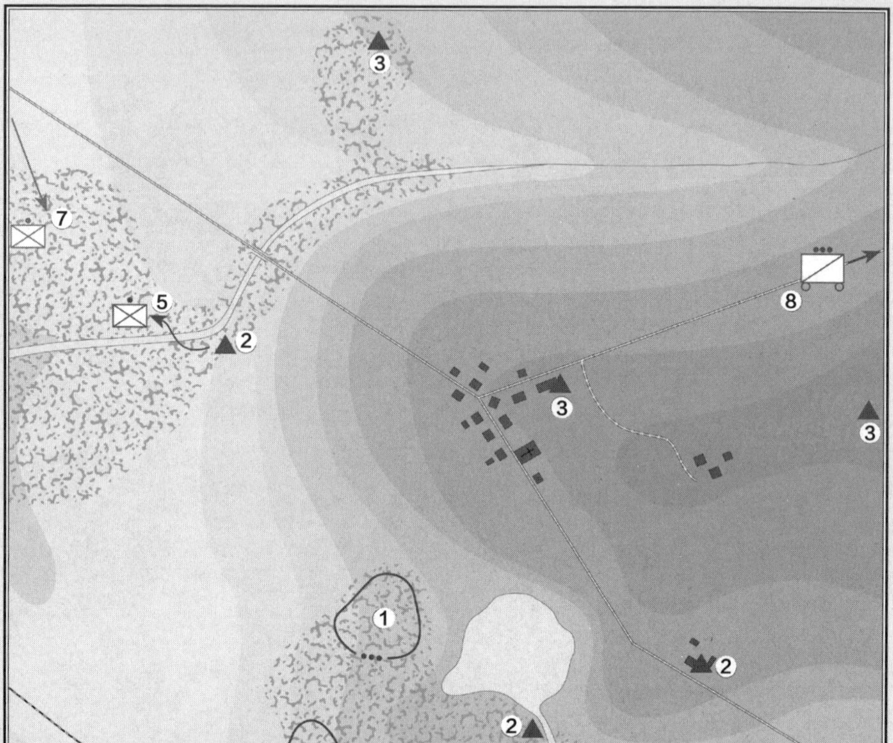

前哨站和警戒巡逻队

前哨站和警戒巡逻队

在防御或推进期间暂歇时（如夜间休息时），各国军队都会“分层”部署前哨站和警戒巡逻队。部队会建立一条防线，防线上的每个单位都要负责在一定的范围内实施警戒——图中一个连下辖各排均构筑了阵地（在本图中用①表示）。每个排建立一个小的前哨站或者监听哨，通常配置 2—4 人，前出距离不远——很少超过 100 码——以覆盖可提供隐蔽通道的地形（在本图中用②表示）。该连将在更远的地方部署 1—3 个警戒哨（在本图中用③表示，警戒哨与阵地的距离通常不会超过 1000 码，但有时候会部署在离阵地 1.5 英里远的地方）；这些警戒哨将覆盖进入所在单位防区的各条公路。警戒哨里的人员通常来自连支援排（在本图中用④表示其阵地）下辖的某个班，他们可能会得到机枪、轻型反坦克炮或步兵反坦克武器的增援。各排 [或许还有作为营预备队的连（在本图中用⑥表示）] 会派遣班级规模的警戒巡逻队（在本图中用⑤表示），这些巡逻队不仅要报告敌军逼近的情况，还要阻止敌方巡逻队（在本图中用⑦表示）靠近。来自预备连或者团（旅）预备营的、规模更大的战斗巡逻队（可达排级规模）前出的距离会更远。团（旅）属侦察单位和师属侦察单位的下属单位（在本图中用⑧表示）拥有更强的机动性，其会被部署到更远的地方。

巡逻（侦察）路线规划

巡逻队不能漫无目标地随意行动，上级指挥部应该为其分配某些特定的任务、一条路线或一个目标。巡逻队必须以一个已知位置为出发点——这也是绘制路线图的参考点。

有时候，巡逻路线会穿过某个区域，根据任务的不同，巡逻队可能会在这个区域与敌军接触或避开敌军。上级指挥部必须知道巡逻队的巡逻路线，以便提供火力支援，避免友军误击或与其他巡逻队“撞车”。巡逻队的返回路线（图中没有显示）同样重要：只要有可能，它就应该不同于出发路线，但也能让巡逻队回到出发点（图中的①处）。巡逻队在进行巡逻时，可能会在途中设置检查点（图中的②处）以协助导航。出于同样的原因，火炮炮弹、迫击炮炮弹（图中的③处）或机枪曳光弹（图中的④处）可能会在预先计划的时间被发射到指定的地形特征上。

我们在这张插图中展示了相邻团防区的巡逻（侦察）活动。来自某营 B 连的巡逻队（Ⅰ）负责勘察一座小山（图中的⑤处），以确定其是否已被敌人占据。来自 A 连的巡逻队（Ⅱ）建立了一个短期观察哨（图中的⑥处），以指示炮兵火力打击敌补给路线（图中的⑦处）。来自 E 连的巡逻队（Ⅲ）在预定时间从预定地点（图中的⑧处）以机枪火力打击一个已知的敌方阵地，为 B 连的巡逻队牵制敌人。随后，E 连的巡逻队会设伏（图中的⑨处），希望能奇袭一支敌军巡逻队。来自 F 连的巡逻队（Ⅳ）是一支局部警戒巡逻队，其会在一个之前曾出现过敌方巡逻队的区域实施警戒。

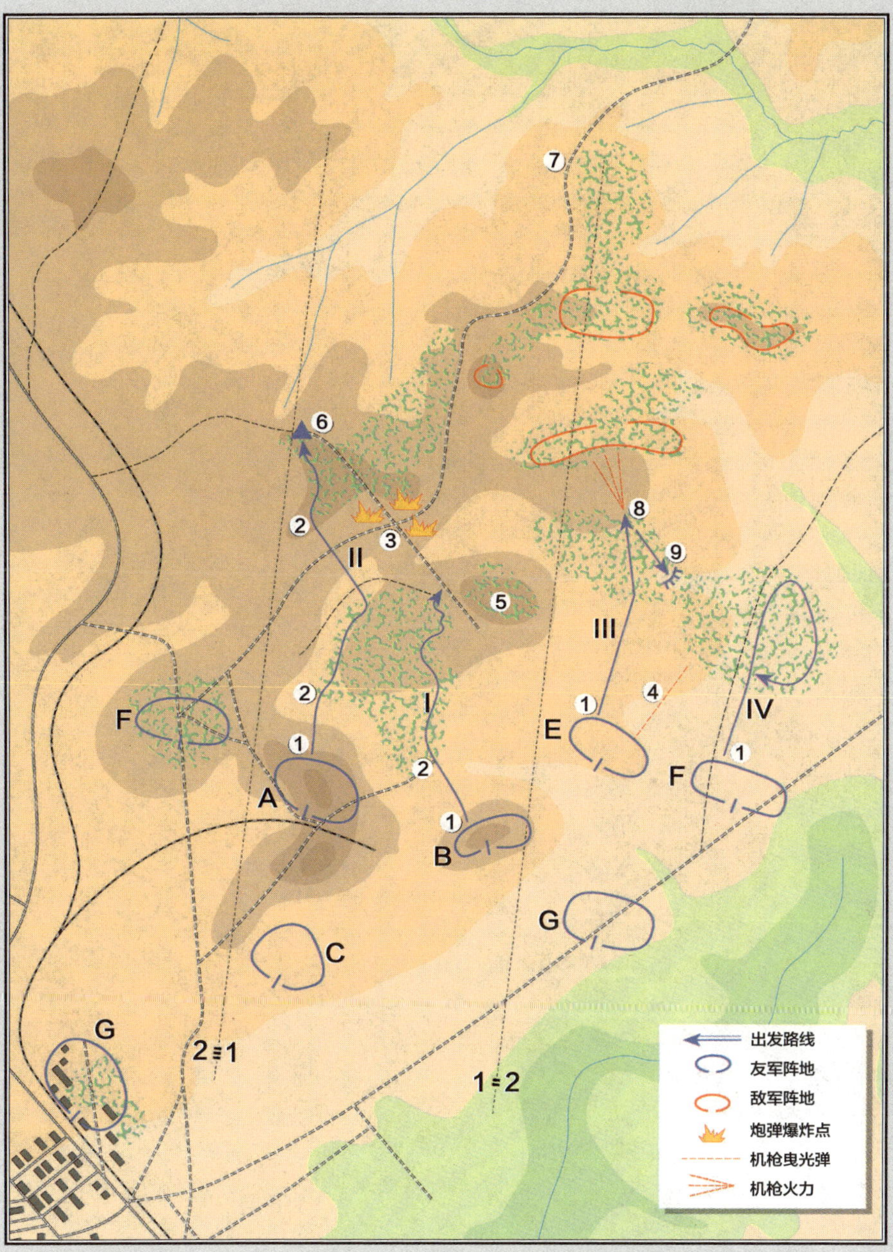

巡逻（侦察）路线规划

四轮驱动车辆的机动性

四轮驱动车辆的机动性

四轮驱动的 0.25 吨吉普车以机动性优秀而闻名，该车曾在美国、英国、英联邦国家和许多其他国家的军队中广泛服役。1945 年 2 月，图中的隶属于美国陆军步兵团（第 29 步兵师 115 团）总部连情报与侦察排的吉普车（加装有装甲板），正在莱茵兰地区前沿执行任务。图中的两辆吉普车都被拆除了挡风玻璃，并在前保险杠上安装了“防斩首”角铁条——其主要作用是阻挡断落的电话线和电线。

图中的这两辆吉普车都装备了口径为 0.30 英寸的 M1919A4 机枪——安装在领头车辆的 M48 仪表板上，以及更靠近前景处的车辆的 M31 基座上。由于怀疑侧面有敌人埋伏，部分车组人员已下车做好了射击准备。

师属侦察单位使用的装甲车空间狭小——与照片中的这辆美国 M8 装甲车类似，所有乘员的背包和铺盖卷都只能放在车外。4 人车组包括旋转炮塔中的车长(装填手)和炮手，以及车身前部的驾驶员和副驾驶员。副驾驶员除了定期接替疲劳的驾驶员之外没有什么特殊任务，在人手不足的情况下，这个岗位往往会空缺。

英国轻型装甲侦察单位

英国轻型装甲侦察单位

虽然师级以下的侦察单位很少使用轻型装甲战斗车辆，但英国步兵师下辖各营的支援连编成内大多有一个通用载具排——这个多功能单位装备了13辆通用载具（1辆在排部，4个班各有3辆），可发挥各种各样的作用，包括实施侧翼警戒和侦察，以及充当机动前哨。通用载具低矮的车身在战场上“很有价值”，但其4—10毫米厚的装甲只能抵御轻型武器的火力和炮弹破片。而且，这种车辆没有能够抵御手榴弹、空爆炸弹或在上下坡时抵御上方火力的顶部防护措施。不过，如果与敌接战，通用载具排的火力相当可观：13挺0.303英寸布伦轻机枪、4具反坦克武器（1943年前为0.55英寸博伊斯反坦克枪，后改为配备PIAT——步兵反坦克发射器），以及4门2英寸迫击炮。通用载具的车组成员除驾驶员（有时候也会充当机械师）外，还有一名军士和两名列兵——他们还会携带步枪（1944年之前使用的型号是李-恩菲尔德No.4 Mk 1）。

这张插图绘制的是：在1944年8月诺曼底被突破之后的法国北部某地，指挥第3步兵师下辖某班3辆通用载具的一位中士正在听取排长的情况汇报，后者携带了一支9毫米斯登冲锋枪，骑着一辆诺顿WD16H摩托车（这是分配给排部的3辆摩托车之一）。从履带护罩上的标记可以确定，图中的这些车辆隶属于该师第3个旅的第1个营（红色底色表示第8步兵旅，白色的“57”代表第1南兰开夏郡团）。请注意，本图中的另外两辆通用载具各由一名下士指挥。

侦察工具

侦察工具

除了武器和通信设备之外，侦察部队还要用到一些特殊工具，包括两种至关重要的工具：指南针和双筒望远镜。侦察兵需要利用指南针这种相对简单的测向装置，来导航到目标、定位目标并精确报告。定位的两种基本技巧是“交会”和“后方交会”。比如，要确定敌方阵地的位置，可以先测出从地图上的一个已知点（如一个公路岔道口）到该阵地的方位角，然后再测出从第二个已知点（如一座谷仓）到该阵地的方位角，最后在地图上画出方位线——它们交叉的地方通常就是敌方阵地的位置。完成上述工作之后，侦察部队就可以报告地图上的方格坐标，呼叫炮兵提供火力支援了。如果无法确定自身位置，侦察兵可以通过后方交会来定位：先测出自己所在的位置到某个可从地图上确认的目标的方位角，然后再测出自己所在的位置到另一个可确定点的方位角，最后在地图上画出两条方位线——它们的交叉点就是侦察兵所在的位置。

步兵用的指南针有两种基本类型：较为常见的手持式指南针（装在袋子里），以及腕式指南针（可像手表一样佩戴）。指南针有3种角度测量刻度：度、密位（1度约等于17.777个密位）、俄罗斯密位（1度约等于16.666个俄罗斯密位）。腕式指南针仅适用于测定大致方位，而大部分手持式指南针都有用于更精确测向的上翻式瞄准装置。图中的装备分别是：

1. 美国透镜式指南针，度数刻度用于常规导航，密位刻度用于炮兵火力校正。

2. 英国 Mk Ⅲ棱镜式行军指南针。

3. 苏联腕式指南针，使用俄罗斯密位刻度。

4. 德国行军指南针，采用密位刻度。

5. 日本棱镜式指南针，采用密位刻度。

6. 日本腕式指南针，结构非常简单，采用没有标注数字的密位刻度。

7. 美国陆军 6×30 M13 双筒望远镜。

8. 美国海军供海军陆战队使用的 7×50 Mk 1 Mod 2 双筒望远镜。

9. 安装在 M15 三脚架上的美国 20 倍 M49 观察望远镜。这种 14.5 英寸长的望远镜是一种轻便、强大的观察工具。

10. 英国 5 倍 No.2 Mk Ⅱ 双筒望远镜。

11. 苏联 6 倍 B-1 双筒望远镜。

12. 苏联 4 倍 TR 侦察望远镜(Razvedchik Periscop)。这种 14 英寸长的“潜望镜”可以让侦察兵在保持隐蔽的同时，从墙头或山顶窥视目标。如果将其放平，侦察兵还可以躲在树后或墙角进行观察。

13. 德国 6×30 标准双筒望远镜。

14. 日本 10 倍双筒潜望镜，配有胸撑和可调背带。

德军自行车部队

德军自行车部队

虽然德军的制式自行车为38式军用自行车（Truppenfahrrad 38），但德军也会使用各种民用型自行车和由兵工厂制造的奥地利军用自行车。在德军中，许多制式自行车的颜色为黑色，而不是陆军惯用的深原野灰色。军用自行车的标准特征包括：手刹、带遮光罩的头灯、车铃、装在长方形锡盒里的工具和备件套装，以及用于运送骑手个人装备的后货架（有时候，骑手也会将机枪三脚架、50毫米迫击炮或弹药箱放在架子上面）。

本插图绘制的是：在苏联战场的夏季攻势中，一个巡逻队遭到来自村庄边缘林木线处的火力打击后，隐蔽并反击的场景。图中的班长正用一支26毫米“战斗手枪”（德语Kampfpistole）向空中发射信号弹。这种战斗手枪与信号枪很相似，但前者的枪管更重且有膛线，可使用不同类型的弹药。班长发射的橙色发烟弹将于两秒内在空中爆炸——可向友军飞机标记自己的位置。在此之前，这名班长已经用白色的发烟弹标记了敌军的位置。步枪兵在分散隐蔽时，将38式军用自行车和一辆奥地利军用自行车（带工具箱）丢弃在篱笆旁边。

德军彩色发烟信号

在北非，德国和意大利军队会使用标准发烟标记体系向己方飞机传达简单的指令和信息：

颜色	含义
橙色	轴心国部队在此地（或者求救信号）
橙—红	我们处于孤立状态（敌人在我们身后）
橙—绿	重复你们的攻击
绿色	在我们推进、攻击、接敌时扩大行动范围
红色	敌人正在进行攻击、渗透、突破
红—绿	敌人正在攻击（包围）我们的右翼

红—白	敌人正在攻击（包围）我们的左翼
紫色	前方有敌方坦克
紫—红	敌方坦克在我们的后方
紫—绿	敌方坦克在我们的右侧
紫—白	敌方坦克在我们的左侧
紫—橙	友军坦克进入战斗

在其他战场上，德军会使用红色烟雾作为标准的警告信号，用来表示“注意敌方反坦克武器”。此外，蓝色或紫色烟雾表示“敌方坦克出现”，橙色烟雾大多被用于指示德军部队的位置，而白色烟雾则被用于标记盟军目标。

携带重武器的苏军士兵

携带重武器的苏军士兵

1941—1942 年，德国陆军在苏联度过第一个冬天时，非常缺乏合适的服装和装备。当然，德军在后面的几个冬季里也仍然物资短缺。与德军相比，苏军更擅长在冬季作战。虽然苏联的大部分部队都没有接受过滑雪训练，但一些侦察单位设立了下属的滑雪单位，并在第一次下雪后仓促地进行了训练 。羊毛帽、带衬里的军服、羊皮大衣和大毡靴（不滑雪时的装备）都能遮挡风雨，而白色外衣则能起到隐蔽作用。1942—1943 年的冬季，图中的这支巡逻队在一次短暂休整后重新出发，士兵们都穿上了两件式套装。在苏军中，步兵侦察巡逻队携带大量冲锋枪（图中的是 PPSh-41）和手榴弹的情况并不少见，但图中的这支队伍还配备了更重型的武器——尽管该部队已得到了避免与敌接触的指示。如果不得不与敌人交火，这支巡逻队能通过“有力行动”突围。在进行威力侦察时，除了标配的一挺或两挺 7.62 毫米 DP 轻机枪外，步兵班往往还会携带一门 50 毫米迫击炮（图中的是 RM-41 型）和一支 14.5 毫米 PTRD-41 反坦克枪。

日军的隐蔽侦察

日军的隐蔽侦察

日军的大部分侦察行动都会在夜间盟军进攻部队停止前进时实施。在本图中，日军一个 4 人小组正在所罗门群岛或新几内亚岛上奋力前行。这些日军在进入美军轻武器的射程之内后，就会以极慢的速度潜行，并很好地利用茂密的植被和不规则地形，尽可能地靠近美军散兵坑防线。这些士兵移动时发出的声音，可能会被炮兵骚扰火力或飞过的飞机发出的声音掩盖。如果美军不能很好地遵守关于噪声和伪装方面的相关纪律，日军侦察队就能安静地观察，然后返回己方阵地报告所侦察到的情报。否则，日军可能会开火、投掷手榴弹或大声喊叫，诱使守军开火或做出其他暴露阵地的举动。

在丛林地形中移动需要拥有很好的耐心和很强的决心。潮湿的气候、多刺的植物，以及毒蚂蚁、蜈蚣和蛇等丛林动物都会让匍匐前进的人很不舒服。侦察兵会用木炭或泥土对面部和手部进行伪装。当地的芦苇、野草、树叶或其他植物纤维通常会被日军用来制作类似于日本农民传统蓑衣的伪装服。

提到隐蔽侦察，就不能不提及以渗透敌军战线的能力而著称的德军巡逻队。即便在白天，德军巡逻队也能利用水渠、浅沟、低起伏地势和植被实施突破。

延伸阅读

Buchner, Alex, *The German Infantry Handbook 1939-1945: Organization, Uniforms, Weapons, Equipment, Operations* (West Chester, PA; Schiffer Publishing,1991)

Daugherty, Leo J. Ⅲ, *Fighting Techniques of a Japanese Infantryman, 1941-1945: Training, Techniques, and Weapons* (St Paul, MN; MBI Publishing, 2002)

Forty, George, *British Army Handbook* 1939-1945 (Stroud, UK; Sutton Publishing, 2002)

Forty, George, *Japanese Army Handbook* 1939-1945 (Stroud, UK; Sutton Publishing, 1999)

Jary, Sydney, *18 Platoon* (Carshalton Beeches, UK; SydneyJary Ltd, 1987)

Tsouras, Peter G. (ed), *Fighting in Hell: The German Ordeal on the Eastern Front* (London; Greenhill Books, 1995). Compilation of reprinted US Army studies written by former German officers.

Zaloga, Steven J. & Ness, Leland S., *Red Army Handbook 1939-1945* (Stroud, UK; Sutton Publishing, 1999)

Handbook on the British Army with Supplement, TM 30-410,13 September 1942

Handbook on USSR Military Forces, TM 30-430, 1 March 1946

Handbook on German Military Forces, TM-E 30-451,1 March 1945

二战伪装战术

第二部分

引　言

伪装的用途……利用隐蔽和欺骗手段来推动我方的进攻行动，出其不意地打击敌人、误导敌人，并防止敌人对我方造成伤害。

——美军野战手册 FM5-20《伪装基本原则》(1944 年)

伪装是为了“模糊物体的轮廓”，而不是将其完全隐藏，后者在大部分时候都不可能做到。在冰雪消融的天气下，或者在不均匀的积雪环境中，纯白色的外衣会显得“太白了”。照片中，这名美国步兵的橄榄绿色制服和头盔上都带有不规则的白色条纹。注意，他没有在 M1 步枪上涂抹油漆。(汤姆·莱姆莱恩、装甲板出版社)

在漫长的战争史上，伪装技能在很长的一段时间里都没有吸引太多目光。过去的军队会以整齐的线性队列机动，士兵们也会穿着颜色鲜艳的制服，以密集方阵彼此对峙。而且，大部队通常无法隐藏行踪：行进时，士兵们会在泥地中留下宽阔的践踏痕迹（如果是在夏季，则会扬起显眼的尘土）；宿营时，篝火会发出亮光和烟雾。在航空侦察手段出现之前，发现敌人的唯一手段就是肉眼观察。徒步行进的巡逻队行动距离很短，也没有任何在返回战线前报告信息的手段，因此骑兵是真正的“指挥官之眼”。他们有能力实施大范围侦察，并凭借速度更及时地报告信息，但他们也必须派出携带相关报告的信使。

在野外行进时，普通步兵使用的单兵伪装与狙击手所使用的更为复杂的“吉利服”有很大的不同。狙击手需要在隐蔽处静止不动数小时，其隐蔽程度要足以让他们躲避地面观察者，后者会在近距离到中距离范围内用双筒望远镜积极搜寻。不过，一些被提供给媒体的战时照片中所展示的伪装显得过于夸张了。本照片拍摄于 1940 年的“入侵恐慌”期间，照片中的两名英国步枪手身上裹着“钢丝绒”——这种伪装方式对于需要到处走动的人来说不太实用，而且英国秋季的林地里也没有“西班牙苔藓”。此外，这种“钢丝绒”的制造成本很高。

在经历了 19 世纪末至 20 世纪初的短暂过渡期之后，随着步枪的射程变得更远，一些军队不得不开始配发浅褐色的服装以试图降低伤亡率，而第一次世界大战则更是彻底改变了战场的特性。自那时开始，发现敌人的手段成倍增加，武器也不再局限于被用来释放直瞄火力——射程更远、杀伤力更大的速射武器主宰了战场。士兵们不得不分散机动，挖掘坑洞并伪装自己以躲避地面和空中（如飞机和系留气球）的观察员。发现敌人的位置后，观察员可以用电话和电台将相关信息传递给炮兵和机枪手。此时，伪装就成了士兵躲避和误导敌人、掩盖活动痕迹，以及保护相关设施的必要手段。笔者将在本章节里重点介绍战术伪装——这是前线部队使用的技术，是二战中美国、英国、苏联和德国等国家的军队已“实践”过的技术。

伪装的原理

不管是在攻击行动中，还是在防御行动中，战场伪装都是士兵必须掌握的战术技能。良好的伪装，不仅可以提高士兵的存活率，还能帮助他们赢得胜利。战术级别的伪装，是所有军队的标准规程——但很多部队都没有很好传授伪装技巧，伪装训练的时间也很短。一般来说，士兵应该得到最基本的伪装技能培训，部队也应该把伪装课程纳入战术训练中——由于需要执行的任务频多，野战部队经常忽略这一点。不过，野战部队很快就在战斗中发现，随着现代化武器的射程和杀伤力的提升、空中侦察的出现，以及机动战中地面侦察能力的提高，实施伪装成了越来越重要的事情。

不管是哪一个国家的军队，其基本伪装原则、技术和物资都很类似。然而，虽有手册和指令的规定，但士兵们使用手上的各种物资，制作自己的伪装用具，并发展自己的技术以适应形势、当地地形和气候条件也非常常见。

美军野战手册 FM5-20《伪装基本原则》（1944 年版）描述了伪装的特征，以及它们对隐蔽的贡献或反作用：

美军在诺曼底用拱形掩盖遮障（Drape net，字面意思为“垂挂网”）对帐篷和一辆维修车进行了伪装（远远看去，帐篷和维修车已经与林地边缘“融为一体”）。（汤姆 · 莱姆莱恩，装甲板出版社）

形状。人造物体通常是直线或均匀曲线的形态，若是成批则会被有规则地摆放，而天然物品的形态通常不规则。在一个不规则的区域内，规则的物体会引起更多的注意。如果是军事特性的物体，那么它的形状和相对尺寸对敌人来说就会很显眼。

阴影。从空中看，阴影会非常引人注目，尤其是在航空照片中。阴影往往比顶部轮廓更能揭示一个物体的形状。例如，工厂烟囱、电线杆、车辆和帐篷等物体都有着各具特色的阴影。但阴影中的另一个物体更容易被忽视。

纹理。（1）拥有纹理的粗糙表面在反射光线方面的能力弱，而完全光滑的表面不仅不会投射阴影、不吸收任何光线，反而会明显"反光"。没有任何植被的贫瘠之地或岩石表面在照片中就会显示为浅灰色。（2）包含大量纹理的表面（如草地、灌木丛或粗大的木头）在照片中会显得很暗。明暗程度主要取决于纹理的数量。例如，高草地在照片中比矮草地显得更暗。

颜色。根据近距离的色差可以区分不同的物体。

移动。空中观察者的下方视野很广阔，因此小物体如果与景色融为一体，就不会吸引观察者的目光。然而，如果物体移动，就会在人的视野中变得很显眼，吸引人的注意力。用航空照相机以一定间隔拍摄两张同一区域的照片，就可以记录某些东西移动的事实。地面观察也有着相同的原理。

定义

"伪装"（英语为 Camouflage，德语为 Tarn，俄语为 Kamuflyaj，意大利语为 Mimetizzazione）涵盖的领域很广，包括对军事活动、设施、部队、装备和物资进行的隐藏、掩饰、改动和遮蔽等。伪装不仅是隐藏物体，还会打破或改动物体在人们印象中熟悉的结构线条和外观，以误导对手，让其不知道该物体是什么，或者误以为它是另一种物体。伪装还能阻止敌人确定己方正在进行的活动或己方活动范围，使敌人难以估计敌我距离。伪装还可以起到延迟目标识别、妨碍交战的作用，它可能会让敌方炮手或飞行员受骗或感到困惑，从而阻止一次攻击或至少使攻击变得不精准。

在物理层面实施的伪装既包括在车辆、设施、建筑物、装备等东西的表面上涂抹颜色恰当的涂料，也包括使用装饰网、遮蔽物、天然材料，以及颜色斑驳的制服和服装。总之，伪装是通过遮蔽物体的独有特征和规则的轮廓，改变其可被观察到的形状，来实现欺骗敌人的目的。

掩蔽和隐蔽——视觉、听觉和嗅觉

军事讨论中常常会提到“掩蔽”（Cover）和“隐蔽”（Concealment）这两个词。它们并不是同一回事。

“掩蔽”指的是能够避免敌方直接观察和火力打击的某种手段。它可以通过利用较小的散兵坑、壕沟、墙、倒下的树木、建筑物、防空洞或装甲战斗车辆，甚至是遮盖反坡（远离敌方一侧）的山顶等方式来实现。掩蔽物也许能使某人避免被敌人直接观察到，但不一定能阻止敌人知道他（她）的存在。例如，坦克等装甲战斗车辆的乘员身处钢板后面，可以说是“在掩蔽之下”，但如果该坦克正处于行进状态，那么敌人肯定知道车辆内部有人。

“隐蔽”也许能躲避敌方的观察，但不一定能避开敌方的火力。实施隐蔽的方式有很多种，包括躲在树叶、地物、建筑物、墙壁后面，以及使用伪装服、车辆迷彩伪装、伪装网或应用天然材料来让人或物体与周围环境、背景融为一体。值得一提的是，在面对空中观察时，人或物体的“背景”还包括其下方的地面。不过，所谓的“全方位隐蔽”很难实现，因为它需要做到从每一个角度来看，人或物体都能与背景融合。

无论隐蔽措施如何周密，车辆与部队的常规移动仍是最易暴露行踪的行为——任何细微动作都会自然吸引敌方视线。保持隐蔽的关键在于合理规划行进路线：可沿河床、沟壑或峡谷移动，利用植被作为天然屏障，依托墙体或建筑物遮蔽身形，避开开阔地带并避免在地平线形成轮廓剪影。短期隐蔽可借助烟幕、夜色及雨雪雾霾等天气条件实现。不过这些环境因素具有暂时性，实战中士兵往往难以及时利用此类转瞬即逝的机会。

有效伪装必须考虑的其他因素包括“噪声管制纪律”——控制说话声、武器射击声、装备的声音以及车辆噪声——在前线，车辆的喇叭就常常被“断线”。“噪声管制纪律”还要求士兵控制好武器装备，使其不会相互碰撞，因为这种声音可以传得很远，尤其是在寂静的夜晚。武器射击不仅会因声音，还会因枪口焰、烟雾、扬尘或者火箭 / 无后坐力武器的尾焰暴露位置。“灯火管制纪律”意味着避免不必要地使用灯与火，并确保必要的光亮得到隐藏。车灯、闪光灯（手电筒）和提灯、

照片中，英国皇家空军照片判读员的蜡笔标注清晰可见，这张垂直航空照片是在夜间用“闪光弹”拍摄的，显然是从不超过 1000 英尺的高空拍摄的。它展示了 1944/1945 年冬季德军牵引火炮在荷兰—德国边境的移动。注意，左上方的建筑物明显经过伪装。（帝国战争博物馆 CL1855）

炊事 / 取暖用火以及香烟燃烧都是主要的问题根源。

车辆和行进中部队扬起的灰尘、车辆排烟、炊事 / 取暖用火，甚至是极寒条件下大批士兵呼吸产生的水汽，都可能泄露行踪。未按照规定抛弃各种材料、弹壳、食品盒以及其他垃圾，也可能暴露经过伪装的阵地。如果炮手的装备、晾晒的衣服、弹药箱和废弃的炮弹壳暴露在外，那么以再专业的手段去伪装一个火炮掩体也无济于事。此外，被翻动的土壤和植被以及建筑垃圾也会暴露阵地。同样的，翻动或者砍下用于其他地方伪装的植物，以及为了射界而清除的植物也可能留下蛛丝马迹。车辙和部队留下的脚印，以及渡过溪流时水底翻起的泥土，都很容易被空中观察发现，有时候还会被远处的地面观察员发现。“反光”——从双筒望远镜、武器光学瞄准镜、车辆挡风玻璃、车窗和头灯镜片反射的光线——可能从很远的距离引起敌人的注意。

气味在战场上也是一种会“泄露信息”的东西。烹煮食物、取暖、抽烟、焚烧垃圾所产生的气味，废弃、燃烧过的炮弹装药以及车辆燃油本身的特定气味可能都会在短距离上被发现。

天然掩蔽物——林地

天然掩蔽物往往指的是树林，但从英国军队训练手册《伪装，第一部分：一般原则——装备与物资（所有兵种）》中摘抄的如下段落指出了使用林地隐蔽时需要考虑的：

1. 使用树林的天然掩蔽并不总能服务于隐蔽和战术上的最大利益。这些树林本身就容易引起敌人的怀疑，而且其所提供的掩蔽效果往往不像看起来的那么好。

2. 应该牢记的是，树林所提供的掩蔽效果在很大程度上取决于阳光的强度。在强烈的阳光下，观察员更难以看透树叶，即便是没有树叶的树枝也可以在阳光下产生阴影，而这些阴影将在所有寻求隐蔽的人身上产生具有一定“保护”效果的图案。不过值得注意的是，在树林中，如果官兵们的上方没有掩蔽物，就有遭遇炮弹（火炮或迫击炮炮弹）在树梢高度上空爆的危险。

3. 在夏季，位于树林中的阵地很容易发展出一些未做隐蔽的设施：如士兵宿营地、伙房等。当冬天来临，这种虚假的安全感可能造成严重的后果。以炮兵为例，位于树林边缘的火炮很容易被发现，因为深色的背景不仅会映衬出火光，还会使烟雾变得很显眼，而在开阔地里，烟雾很快就会消散。在高大的树篱中可以找到更好的掩蔽物，因为它们本身不容易被识别，而石楠植物或灌木丛的凌乱背景总是可以经过改善,提供出色的隐蔽效果。在某些情况下,好的背景能够提供更好的隐蔽效果，也比头顶的掩蔽物更持久可靠。

在西北欧、苏联、东欧等地的广袤林区，依托林区展开军事行动实属必然。实战经验表明：在构筑防御体系时应避免在林缘地带布防，而需向密林纵深延伸。这种部署方式具有多重战术优势：使敌方观察员无法直接观测；迫使进攻方降低推进速度；限制装甲部队机动空间；守军能依托隐蔽工事对来犯之敌实施伏击作战。

敌方观察能力

视觉侦察始终是发现军事活动、设施及伪装目标的最主要手段。地面观测虽可长时间持续，但在夜间其作用距离会大幅衰减。为了增加观察距离，地面观察人员会使用双筒望远镜、潜望镜和武器光学瞄准镜。至于监听的距离和方向的准确性，可以通过声音测距设备（仅限于炮兵侦测单位使用）来提高。第二次世界大战期间，尚无有效的便携式地面监视雷达，红外夜视装置也处于起步阶段。

空中观察分为目视和照相两种方式。侦察机只能在目标区域上空停留有限时间，后续飞行多为间歇性。空中观察员和航空照片仅能提供飞越时的“瞬间快照”，且信息在传递至相关地面指挥官的过程中，其价值会随时间推移而不同程度地降低。侦察机必须返回基地，报告需要整理，照片需要冲洗。而信息分析耗时较长，随后还需要通过“指挥渠道”逐级下达。待地面部队收到情报时，时间可能已过去数日。

雾霾、雨雪、低云、尘埃、烟雾、防空火力及敌机干扰均会削弱空中观察效果——更遑论敌军活动最频繁的夜间黑暗时段。目视空中观察可发现敌军活动和阵地。照相空中观察通常更具情报价值，因其允许对目标区域和地形进行更长时间、更细致的研究。全色胶片、红外胶片和彩色胶片均有助于识破伪装。

然而，轴心国几乎不具备此类能力。在战争的大部分时间里，轴心国只取得了有限的制空权：虽然在 1940—1941 年的闪电战期间表现突出，在北非和意大利仍构成重大威胁，但 1943 年后其对战场的战术航拍乃至目视空中观察均大幅受限。而随着盟军取得制空权，防范空中侦察与攻击的伪装措施成了德军愈发重要的课题。

伪装材料

油漆

几乎所有金属制军用装备——从掘壕工具到头盔、无线电设备和装甲战斗车辆——都需涂漆以防锈蚀，同时兼具伪装功能。军队使用的通常是哑光漆（美军称其为Flat,意为“没有光泽”),以便降低反射性。各国军队的油漆都有标准的基色，但也有伪装专用辅助色，具体色号随授权变更有所调整。主要参战国使用的基色是:美国，橄榄绿色（Olive drab，绿色，以褐色为主导，亦译作“橄榄褐”);英国，铜绿色（深绿色）;苏联，橄榄绿色（从褐色到绿色，色调差异甚大）。

德国装甲战斗车辆使用灰色（德语Grau）油漆，其他车辆和装备则使用“原野灰”色（德语Feldgrau，从中灰绿色到深橄榄绿色）。从1943年2月18日起，为了节约绿色颜料，并提供一种较浅的基色以便漆上较深的伪装色图案，工厂对车辆、大型武器及其他军械设备统一改涂成深黄色（德语Dunkelgelb）。

大型弹药（如炸弹、地雷、手榴弹、枪榴弹、炮弹、火箭弹、炸药包等）通常会被漆上伪装色，同时还会加上用于识别型号的其他色标和条纹。这种方法使堆放在飞机跑道旁边的炸弹、在掩体边缘码放准备使用的迫击炮炮弹、未来得及埋设的地雷和士兵在前线搬运的弹药不那么显眼，同时仍然可以被很快识别。

下面以美军的弹药为例，来说明识别色的变更如何提升伪装效果。1943年之前，美国高爆弹药都是被漆成哑光的黄色，这在和平时期是合乎逻辑的选择:既作为警示标志，又便于定位哑弹和遗失弹药。但在1942年年末，美军下令将弹药颜色从黄色改为橄榄绿色，并在1943年年初全面应用于新弹药。人们发现，黄色的Mk Ⅱ手榴弹挂在士兵的织带装备上会引来不必要的注意，而瓜达尔卡纳尔岛上的陆战队员很快发现了另一个缺点:日军可以在夜间轻松地发现扔进其阵地的黄色手榴弹，因为这种颜色即便在最暗的光线下也很显眼，有时候，日军甚至有时间将手榴弹扔回。因此，军械整修单位往往会将现役手榴弹重新漆成橄榄绿色。

各国军队批准多种标准颜色作为车辆、大型装备、建筑物等的伪装色。一开始基本使用两种颜色，通常是一种较浅的基色和一种较深的混隐色。后来又有3种（有时是4种）颜色的方案被引入。这些颜色包括深浅不一的绿色和褐色、土红色和土黄色、黑色、棕黄色、沙色和灰色。灰色最初并没有得到充分的利用，但后来人们发现，许多树干会呈现更多的灰色而非褐色，此外灰色还会融入雾、水汽、烟和树叶深处的阴影中。而黑色有时却会被过度使用——它在自然中很少出现，阴影通常也不会那么暗。

车辆

官方往往会为特定的车辆型号指定涂装样式，但不同部分的具体色调则会由使用单位根据当地植被和土壤情况，并结合季节等因素进行选择。

1943—1944 年东线战斗车辆伪装涂装的两种方案：一辆是英国提供给苏联红军的"丘吉尔"坦克，其被漆成了纯橄榄绿色；另一辆是被丢弃的德国 SdKfz 232 中型装甲车，其深黄色漆面（出厂时的）上喷涂有伪装图案。

为适应当地情况，或者只因为油漆匠的艺术天分就无视或改动标准涂装的情况并不少见。此外，部队可能因推进、撤退或远距离调动而面临地形植被显著变化，又缺乏时间或材料重新涂装车辆和装备的情况。

模型制作者往往因为装甲战斗车辆的"官方"涂装颜色而感到苦恼（另见下

面的“车辆伪装”章节）。现实情况是，战场上实际使用的颜色很少与官方色卡上的完全一致。即便是厂方的基本涂装，也会因工厂和时间段不同而有所差异。在战场上，为了节约有限的供应品，油漆常被稀释剂或汽油稀释，或者为得到更符合当地环境颜色的色调而被混入其他颜色。

德军所配发的糊状油漆，其色调因稀释剂型号和用量而有所差异。此外，色调还取决于上漆的方式（刷涂、喷涂或滚涂）、油漆的厚度、上漆遍数，以及基色的渗透程度。有些时候，油漆只是从桶里喷洒到物体表面上，再用抹布涂成粗糙的图案。阳光暴晒和风化作用很快就会彻底地改变色调。同一单位的坦克可能采用不同的迷彩图案，旧车辆和新近配发的替换车辆也可能有显著的色差。

在沙漠地区，车辆几乎总是被漆成基本的纯沙色，但有些时候也会喷上沙色、浅褐色和红褐色、淡绿色、石头青灰色等颜色的迷彩伪装。英军还曾使用淡蓝色和粉红色，因为前者可以很好地融入沙漠的薄雾和刺眼的阳光中，后者则在日落和日出时尤为有效。

有一种观点认为，将车辆漆成柔和的纯色比漆成复杂的迷彩图案更好，因为后者会耗费更多的材料和工时。而且迷彩图案与地域的关系太紧密，在地形和季节变换时效果会降低。在近距离上，迷彩图案提供不了多少隐蔽效果，因为通过形状就能很容易识别出车辆；在较远的距离上，图案无论如何都会融合成单一色块。事实上，漆上迷彩图案的装甲战斗车辆在移动时会比纯色的车辆更显眼，尤其是从空中进行观察时。事实是，迷彩图案或者纯色涂装的伪装效果取决于距离、视角和光照条件。另一个考虑是，为车辆漆上迷彩图案会提高士气，因为人们认定迷彩图案能够提供更多的保护，不管这种保护是真实的还是想象的。但即便敌方炮手在识别目标时有几秒钟的犹豫，也可能带来不同的结果。

虽然车辆可能有复杂的迷彩图案，但这些图案往往与战术识别的需求冲突。此类识别标志包括显眼的国别标志，如美国和英联邦国家的五角星（往往在一个白色的圆环内）、苏联的红星和德国的白边黑十字（德语 Balkenkreuz）。有些指挥官为了伪装的目的而选择遮盖或除去国别标志。彩色符号、标志或数字经常被用于识别某个单位下属的车辆，而且通常都采用的是醒目的颜色。车辆上还会有各种各样用来表示其登记信息和单位身份的字母、数字代号，以及上级单位的符号或建制标志——它们通常尺寸较小，但颜色鲜明。

1941 年克里特岛伊拉克利翁（Heraklion）的固定设施采用了不同寻常且有效的伪装措施。这些用沙包垒成的“当地农舍”实际上装有从“约克”号巡洋舰上拆下的 12 英寸舰炮。这种“农舍”按照村庄的街道布置，其“菜园”周围甚至还有矮墙。（帝国战争博物馆 HU 2667）

固定设施

建筑物、固定设施、混凝土工事和大型固定设备的伪装涂装与车辆和机动设备的有着不同考量。这方面的主要问题是，建筑物和工事几乎不可能真的被“隐藏”，它们往往会被粉刷上与周围地形不相符的杂色和条纹图案。这种做法的理论依据是，只要将建筑物粉刷上柔和颜色的伪装，就足以误导敌方飞行员，使其在高速攻击中无法准确识别目标。在空中轰炸时，有一个重要的“提前投弹”动作，而如果飞行员等待过久才释放炸弹，就更有可能错失目标。同样的原理也适用于机枪打击目标时的瞄准。

伪装有能延迟对目标识别的效果，如果设施的伪装与附近植被的颜色和外观相符，效果则可能更好。有时候，使用的伪装色和图案与周围地形反差很大，敌人虽然难以确定设施的类型，但仍能清楚地辨认出它是一个建筑物——而且，由于它经过了伪装，就很有可能是有攻击价值的建筑物。

1940 年 5 月的埃及马特鲁港（Mesa Matruh），英国高地轻步兵团 2 营的士兵们展开一张“虾网”——尺寸可能是 25×12 英尺——覆盖在一个由木材、沙包、沙子和岩石构成的武器阵地顶棚上。该阵地在地面上留有一个用于射击的缝隙。根据推测，这里可能有一门 2 磅反坦克炮。从空中看，这张没有装饰的网至少可以模糊轮廓，弱化颜色对比。（帝国战争博物馆 E90）

伪装网

伪装网（德语为 Tarnnetz；俄语为 Kaskirovochaya setka；意大利语为 Rete di mimetizzazione）在第一次世界大战期间曾被广泛使用，最初被用于隐藏火炮。伪装网通常由细绳缠结而成，网眼大小为 2—3 平方英寸的伪装网一般被称为“渔网”（Fish net），而网眼比“渔网”小得多的伪装网则被称为“虾网”（Shrimp net），这两种网都有一定的伸缩性。伪装网可能是正方形或长方形，有些被设计成可固定在一起形成更大的网。

伪装网还会被编入不同颜色的窄条粗麻布或“粗口袋布”，而将三种颜色的装饰布混杂在一起，就能打造出自然、斑驳的外观。这些窄布条从方格网眼中穿进穿出，并在两端缠结。美国和英国的装饰布以 100 码一卷的方式配发，这些布条通常被裁切成 5—6 英尺的长度——更长的布条需要很长的时间去编织。

网眼小得多的“虾网”不需要编入装饰布，而是会被直接染色。美国使用橄榄绿色或沙色的伪装网，英国的伪装网则有很大的绿色和褐色圆形斑点。用在装甲战斗车辆上时，“虾网”会被悬挂在树下或较高的灌木丛和小树上方以加厚顶棚，或者展开覆盖在车体上，以掩盖它们为人所知的形状，并避免反光。它们还可以被用作简单的掩盖遮障，即前述的“垂挂网”。

战争时期，生产渔网的公司大多转产伪装网，而各国都曾雇佣女性来手工装饰这些网——这是一个费时的工作。各国军队还将基本不做装饰的网与数百种各式各样的装饰布一同下发，让部队可以根据实际情况来装饰伪装网。伪装网有针对温带森林（主要是绿色）、秋季 / 夏季（褐色、浅绿色）和沙漠（沙色和褐色）的不同配色。

英军会配发深绿色、浅绿色、浅土色和褐色的装饰布，而美军则会配发 7 种预先染色的装饰布，以匹配目标地点的植被和土壤颜色（如下表所示，其中的颜色和比例仅供参考，需要根据实际情况来做调整）。

美国伪装网装饰布颜色比例

热带和温带夏季	温带冬季	沙漠或干旱地区
70% 深绿色	60% 土褐色	70% 沙色
15% 橄榄绿色	30% 橄榄绿色	15% 土黄色
10% 原野棕色	10% 土红色	15% 土红色

为一张网提供合适的装饰，需要数量可观的布条。英军用的 35×25 英尺伪装网需要 9 卷 100 码的装饰布，14×14 英尺的伪装网则只需要两卷。美国的 36×40 英尺伪装网需要 13—20 卷 100 码的装饰布，编织它们需要 30 个工时。“拱形掩盖遮障”的装饰布并不是从一边到另一边均匀编织的，其中部的三分之一比较密——这部分的覆盖率大约为 80%——随后向两边逐渐降低密度，其边缘可能只有 10% 的覆盖率。这种遮障的思路是，在植被中插入不同长度的支撑杆，将网铺设在需要被隐藏的车辆、设备或建筑物上方，网的边缘会以一定的角度垂挂到地面上。这有助于消除物体阴影，且网的边缘较低的装饰布密度使其自然地融入真正的植被中。在沙漠地区，需要针对伪装网布置更多的装饰，以便将物体的阴影

藏在网下。竖立的伪装网轮廓必须为不规则形状——这是军队中少数不鼓励精确布置和对齐的场合之一。如果伪装网能与周围的植物“融合”，就能达到最大的效果，比如在伪装网上放置砍下的植物。但是，这些植物需要被频繁更换，且应该放在其自然生长的位置，而不是简单地平放在网的顶部。

这辆驻扎在意大利的美国 M4“谢尔曼”坦克似乎被漆上了粗糙的伪装图案，有些区域因为补漆和漏油而显得更加复杂。为了让坦克能够实施间瞄射击以增强炮兵火力，垂挂的“渔网”被装饰为一张平顶伪装网，也就是说，其边缘也进行了充分的装饰。（汤姆·莱姆莱恩、装甲板出版社）

一名苏联装甲战斗车辆指挥员搜索敌军活动。他的车辆覆盖着常见的苏联红军伪装网，以绿色的小片布料作为装饰——图中这种装饰太稀少了，起不到效果。（克拉斯诺戈尔斯克的俄罗斯国立电影与照片档案馆）

伪装网也可以是“平顶”形式，即架设在相同高度的支撑杆上，两侧没有垂下的部分；这种形式的伪装网主要用于隐藏补给品和弹药仓库。它们必须平行于地面布设（也就是说，在被布设于山坡上时，它们应与斜坡成相同的角度）。若隐蔽物体上方留出了至少 2 英尺空高、装饰布覆盖至边缘且边缘超出物体两倍网高，效果更佳。例如，在灌木丛和均匀的幼树区中，平顶的伪装网应该与它们等高，过高或过低都会很显眼。

伪装网的布设需适应被隐蔽物体。车辆、重型武器和其他机动装备需能迅速撤出阵地，无须耗时拆除伪装网。武器需能自由俯仰、旋转和射击。为确保隐蔽效果，伪装网可覆盖射界，但需能快速掀开或分开以便射击。部分火炮和高射炮伪装网使用“蛤壳”设计——在快速释放绳被拉动后即可从炮管两侧分开垂下。

被隐蔽的车辆或物体应斜向放置，避免与网边缘平行，以减少外观一致性。网可以部分展开、在车辆移动时覆盖其一部分。在装甲战斗车辆上，炮塔或主炮需要能够纵向和横向转动,因此有时候伪装网的一部分会被固定在炮塔和炮管上。用车辆运送时，伪装网配有帆布罩，以避免被钩破或者吸水。在储存伪装网前必须对其进行干燥处理，以免腐烂和发霉。

冬季使用

不建议在雪地使用伪装网：它们需要被频繁维护，无法承受厚重的积雪，并会变得潮湿而难以处理，此外，其装饰布会起皱、脱落、增加纹理且色调变深。因此在大雪和雪暴期，最好是拆除伪装网。在冰雪消融期，可使用以白色装饰布为主，辅以斑驳灰色、黑色和橄榄绿色 / 深绿色的伪装网。这种伪装网被架设在树木、灌木、吹积物和露出地面的岩石等能产生阴影的物体附近。白色喷漆有时也用于伪装网的装饰。但是，1944/1945 年冬季，英加（英国和加拿大）第 21 集团军群配发了白色的装饰布。这种 3 英寸宽、100 码一卷的装饰布，被用于装饰伪装网、铁丝网和头盔，包裹枪管和轻武器，也被提供给狙击手使用。

如果常规颜色的伪装网在雪地上拖行，可能会被雪附着其上，而且这些网很重，可能会被雪下障碍物钩住损坏。垂在地面上的边缘应覆盖积雪以模糊轮廓。伪装网只能使用木桩固定，因为金属桩会传导太阳热量，使上面覆盖的雪融化。

在轻便的新型塑料网推广之前，本章节的作者曾经协助架设过一张二战风格的大型伪装网。

它比预期重得多，散发出强烈的霉味和染料气味。架设支柱非常困难，因为它们必须以奇怪的角度竖立，而且常常在所有边缘都用地桩固定好之前就倒下了。在调整支撑杆时，垂挂网的某些边会拉得很紧，因此必须把地桩拔出来重新固定。这项工作花了将近两个小时，而把网取下来也没有轻松多少——它钩在了每个能被钩住的东西上，导致将它卷起来时还带上了树枝和野草，它还因雨水而重了大约三倍。这张网太重了，小分队光是搬运它就已经浑身湿透了，需要其他人帮忙才能将其装上卡车。第二天，我们把它展开，花了一个小时才挑出所有的树枝和野草，又花了两天将其晒干。难怪战争期间没有更多地使用这种网。

除了隐藏目标之外，伪装网还有其他用途。例如，即便敌人可以看到阵地，架设好的伪装网仍然可以使他们难以确定隐藏的火炮类型，以及火炮是否处于战斗状态（因为看不到操作人员的活动），甚至无法确定网下是一门真的火炮还是只是诱饵——当然，一般情况下，如果某件物品值得被架设伪装网，那么向其开火就是有价值的。在炎热天气或沙漠等无遮阴处，伪装网可以为人员提供急需的阴凉环境。

美军使用4种尺寸的“布料装饰编织伪装网”（多被称为“渔网”）来覆盖特定的装备，较大装备和结构可使用两张或多张网拼接：

15×15英尺：机枪，迫击炮

22×22英尺：吉普车和拖车

29×29英尺：0.75吨卡车、拖车、反坦克炮、轻型榴弹炮、侦察车

36×44英尺：1.5吨或更大的卡车、火炮、坦克、半履带车等其他装甲战斗车辆

除了增加用于坦克和自行榴弹炮的45×45英尺型号、没有15×15英尺型号之外，美制“棉质伪装虾网”（多被称为“虾网”）的尺寸与上述“布料装饰编织伪装网”相同。两者针对的车辆和装备类型相同。15×15英尺的“布料装饰编织伪

装网”使用较轻的绳索，因此它的结构更紧凑，且重量轻便易于操作，还可以多张拼接使用。不过，它没有配备支柱，仅附带有四根木桩。

美国第 9 航空队在诺曼底设立的一个机动空中管制中心，安装在一辆 2.5 吨卡车上，覆盖着一张做了很多装饰的伪装网。伪装网的中央部分的装饰密集，边缘比较稀疏，与附近的植被环境融为一体。（汤姆 · 莱姆莱恩、装甲板出版社）

美国有三种火炮专用伪装网套件，采用“平顶”设计，由支撑杆上的铁丝框架支撑。这些伪装网随附支撑杆、支撑框架的铁丝、快速释放装置、拉索、地桩和携带袋。其中 2 号套件用于 105 毫米和 155 毫米榴弹炮及 4.5 英寸火炮，包括一张 29×29 英尺主网和三张 14×29 英尺扩展网。5 号套件用于 155 毫米火炮和 8 英寸榴弹炮，包含一张 29×29 英尺的主网和六张 14×29 英尺的扩展网。8 号套件用于 8 英寸火炮和 240 毫米榴弹炮，它包括一张 36×44 英尺主网，两张 17×35 英尺的扩展网和两张 29×29 英尺的扩展网。

英军使用的标准装饰“渔网”有五种尺寸,也有用于扩大火炮伪装网的扩展网:

14×7 英尺：2 磅反坦克炮（用于遮蔽，不作为顶部遮盖）

14×14 英尺：布伦机枪、维克斯机枪，2 英寸迫击炮，机动车辆，炮兵观察哨

25×14 英尺：3 英寸迫击炮

29×29 英尺：轻型火炮，反坦克炮（附带 29×14 英尺扩展网）

35×35 英尺：中型和重型火炮（附带 35×17 英尺扩展网）

英军使用的“虾网”有五种尺寸,其网眼更细,用于装甲战斗车辆和其他车辆:

25×12 英尺：2 磅反坦克炮

35×15 英尺：步兵坦克、巡航坦克、侦察车

25×12 英尺：轻型坦克、装甲车、布伦机枪运送车

14×14 英尺：30 英担及以下的货车和卡车

24×24 英尺：30 英担以上的卡车和拖车

分段式支撑杆随伪装网配发，但它们很容易丢失和损坏，因此士兵们通常会砍伐合适的树苗作为备用支撑杆。美军主要使用木质地桩，部分使用金属地桩。英军除了使用木质和金属地桩外，还使用跨度 6 英寸的金属钉（形似订书钉）。

苏军使用大约 4×4 米（12.5 英尺）的伪装网，用布条或彩色纸装饰，其网眼尺寸大小不一，而且可根据需要拼接任意数量的网。苏军和德军都使用一种替代的装饰方法，就是简单地在裸网上播撒带叶的树枝、割下的杂草或者稻草。随着苏军迅速扩张和生产优先级的调整，伪装网供应不足——他们甚至需要征集在湖泊、河流和海港中使用的真正渔网。

德军在北非广泛使用伪装网，包括缴获的英国伪装网。在其他地方，伪装网没有得到广泛使用——特别是在车辆上，他们通常使用天然植被将其覆盖。伪装网主要用于隐藏工事、固定设施和飞机。德国伪装网的标准尺寸之一是 5×5 米（16×16 英尺）。德军使用经过装饰的伪装网，或者将带有棱角的彩色布片固定在网上。他们既使用类似于盟军的图案，也使用不太理想的直线图案和打结的簇状装饰。与各国军队一样，德军使用各种帆布帐篷（德语 Tarnzelt）。大多数军队的帆布帐篷都采用棕色或绿色，但德军帆布帐篷使用的是深原野灰色，

或者深绿色、深棕色和深黄色的迷彩图案。他们也使用类似的伪装防水油布（德语 Tarnplanen）。

一名美国工兵在前沿地区架设了一道拥有大量装饰的细铁丝网遮障，以遮挡主要补给路线上的车辆交通状况，避免被敌方地面观察人员看到。（美国陆军）

伪装遮障

伪装遮障与伪装网一样，在第一次世界大战中得到广泛使用，它主要用于提供针对地面观察的保护。由于其构造和布设位置，伪装遮障本身通常很容易被发现，但它们的作用只是阻止敌人看到遮障另一面的东西。

美军的一本手册上描述了一个例子："隐藏路障的遮障可以用任何材料制成——杂物、植株或不同装饰的人工材料。这样做的目的是隐藏路障，使敌人必须做出选择，要么翻越遮障，冒险应对后面的一切，要么停下来调查。如果敌人停下来，就会暴露在火力之下。如果敌人试图冲过去，就无法利用障碍物可能的弱点。”另一个例子是为保护宿营地不被敌方巡逻队发现而竖立的垂直遮障，它们用天然材料制成，与背景融为一体。还有一种遮障被放置在敌方观察员可见的路段。敌人知道这是一条活跃的公路，但遮障使他们无法观察到使用公路行进的车辆数量和类型，也没有机会发现单独目标。

遮障可以垂直或倾斜布设，可用伪装网、金属网格（如鸡笼铁丝网或镀锌编织防风围栏）、布片、防水油布和任何适用的当地材料组合制作。后者包括树枝、木板和编织的草垫。遮障用木框、支撑杆、地桩、铁线和绳索支撑。树篱、灌木丛、林木线、树丛和路边的植物也可以纳入遮障中。

德军和苏军都使用的一种遮障包括沿公路成对竖立、间隔大约为 100 英尺的高大支撑杆。成对的支撑杆或树木之间用铁线相连，由装饰网和铁丝网或布片制成，垂直地悬挂横跨公路的挡板。挡板本身可能只有 4—6 英尺高，悬挂在足以让路上车辆通行的高度上。战斗机飞行员在向公路实施低空扫射时，会面对一系列妨碍他观察路上车辆的挡板——甚至可能无法看到任何目标，更不用说瞄准了。

平顶遮障可以以类似的方式挂在穿过茂密森林的公路上方（架空路幕）。这些遮障可以阻止空中目视和照相观察，高速飞行的飞机甚至非常难以定位公路的具体情况。这样的架空路幕必须与树梢高度平齐。如果低于树梢，就会在树丛中形成“沟壑”外观，并因为阴影的衬托而更加“显眼”。这种架空路幕需要投入大量材料、人工和时间。

天然伪装材料

天然植被是最有效的伪装材料，但使用时需格外注意。砍下的植物会在最多 4 小时之内就会开始枯萎。而由于颜色和纹理的差异，枯萎的植被会非常显眼，尤其是颜色较浅的叶子底部将会显露出来。用于伪装的植被必须与环境协调。例如，在长满高草、野草和零星灌木丛，用松树苗伪装阵地反而会引人注意。

另一个错误是“垃圾堆”效应。将不同类型的植物或其他可用的物品堆积在阵地上并不能产生“伪装”效果。因此用于阵地伪装的材料必须是能融入周围地形的。无论是使用当地的植被，还是在被摧毁的城区中使用瓦砾、木板等，都必须避免伪装区域边缘与周围环境形成突兀的分界线。

被翻动过的土壤会反射光线，尤其是在被夯实之后。暴露的翻动土壤在航空照片中无疑是阵地和活动的明显标志。在黑白照片中，这种土壤会呈现出明显的浅色轮廓，与未翻动过的土壤和植被的暗色背景形成鲜明对比，而小径和车辙也呈现为白色或浅灰色。

对于作战阵地周围裸露的翻动土壤，最有效的伪装手段是天然的地面覆盖物。这包括一层长满杂草的表层土——本质上就是草皮，以及相互缠结的多层枯叶。这些覆盖物不仅来自坑洞被挖掘的地方，还来自周围用于堆砌护墙的地面。理想情况下，士兵们会将地面覆盖物分段铲出，放在一旁。待阵地挖掘完毕后，他们会再将这些地面覆盖物铺在护墙和其他裸露的土壤上。

天然伪装：1944 年春季，第 4 印度步兵师第 4 埃塞克斯团第 1 营的士兵在卡西诺山附近掘壕据守。他们的三人散兵壕拥有用泥土和岩石堆砌的护墙，与身后布满地衣的峭壁表面相符，与背景上的旧围墙大致相似。背包和织带装备被杂乱地放在空地上强调了如下事实：这是一张在休整时期摆拍的照片。（帝国战争博物馆 NA 12894）

德国车组人员正在休整期间对这辆 75 毫米三号突击炮进行小规模维护。为了越野和公路机动，车组人员用树叶为它做了精心的伪装，在停止前进时，车组人员还会将带有树叶的树枝放在车首增加伪装效果。大部分枝叶在战斗时都将被移除。（尼克·科尼什）

在前线，士兵需要小心地选择收集伪装用植物的地点，且必须取自战线后方。同时要注意，过多的砍伐活动会被空中观察人员发现。指挥官可以指定一个或多个区域（最好是在树下）进行植物的采集行动，或者命令士兵在一个较大的区域中采集，使植被的损失不那么显眼。此外，士兵在砍伐采集树木的时候必须避免留下颜色鲜亮、容易反光的切口——即使是最近砍伐的小灌木和树苗的裸露树桩，如果集中在一起也会非常显眼，应通过涂抹泥土来隐藏它们。

权宜伪装

于 1941 年年初抵达的黎波里的第一批德国“非洲军团”部队并未配备沙漠伪装漆。他们乘坐暗灰色的装甲战斗车辆出发，以保密其在欧洲大陆的部署。作为过渡手段，他们将润滑油涂在车辆上，然后撒上沙子。这需要频繁重复进行，因为沙子很快就会脱落。

附着在车辆上的天然灰尘和泥土有助于伪装，因此车组人员通常不愿意清洗他们的车辆。他们有意地用泥浆或者黏土在车辆上涂抹出斑块和不规则的条纹，有时候甚至专门在桶里制作合用的泥浆——德军在东线上就这么做了。当敌方拥有空中优势时，士兵们会用泥浆遮盖国家标志，尤其是白色的星标。不过，泥浆的缺点是会被雨水冲刷掉，在经过植物时被刮掉，也可能被车组人员的靴子踩掉。另一个缺点是，泥浆在干燥之后通常颜色比湿土浅很多；相比之下，黏土的附着力更好，而且干燥后的颜色通常也和潮湿时一样。

还有一种不太常用的技术，就是将当地的植物叶子捣碎煮成糊状，涂抹在车辆上。由于这种方法需要采集和捣碎大量叶子、藤蔓和野草，所以非常费时。而且，压实后装满 16 个 5 加仑桶的植物通常只能产出 1 加仑的糨糊。这种糊状物很容易被洗掉或者磨损，且干燥后的糊状物也可能与新鲜的植物颜色不相符，但添加切碎的植被可以改善伪装效果。

英军在堆放的5加仑油罐处用砍下的树枝略作了伪装，树叶已经枯萎了。即便将卡其绿色的罐子沿林木线一字排开，也很容易被照片判读员发现——均匀的一排不自然的方形物体会引起注意。更好的办法是将其堆叠起来，使之看上去像靠近田野的一道石墙。（汤姆·莱姆莱恩、装甲板出版社）

这辆美国 M24“霞飞”轻型坦克被隐藏得不错，车体隐藏在一条排水沟里，周围散布着废木料和树枝。即便在秋季和冬季树叶掉光的情况下，停靠在树下也能起到一定程度的隐蔽作用。

单兵伪装

标准制服和迷彩制服

单兵伪装可分为三个方面：制服和装备采用常规的柔和颜色；专门配发的伪装服和装备；单兵用天然或当地可以获得的材料实施的伪装措施。

各国军队配发的制服和装备几乎都采用了柔和的颜色，这会使它们看起来不那么显眼，并适应预期作战环境——这一点很重要。制服和装备的基础颜色适合于本土环境，但大部分军队都会在远离本土的地区作战——有时甚至是未曾预料到的地区。例如，1941 年，驻扎在巴丹半岛的美国海军步兵营官兵试图用咖啡将其白色制服染成卡其色，结果成了浅黄色。由于这些颜色鲜艳的制服，以及官兵们明显不畏惧暴露在炮火之下的表现——实际上是由于他们缺乏战术训练——日军以为他们是专门的自杀部队。出于同样的原因，徽标往往被减弱色调、减小尺寸或者直接从作战服上去除。

美军刚参战时下发的是“卡其色”（棕褐色）和“橄榄绿色”制服。美国陆军的“橄榄绿色”颜色差异很大，从浅褐色到深绿色不等，具体的色调用数字标识。毛料制服是深褐色的，也被称作“橄榄绿色”。在北非、西西里和意大利，“橄榄绿色”制服的浅褐色在战场上的作用不小。为了更加适应温带（欧洲）和热带地区的气候和环境，美军逐渐开始使用更深、更绿的色调，到 1944 年年底，这些色调已经被广泛使用。

在欧洲，盟军很少使用伪装服。实际上，只有少数几个部队在诺曼底配发了所谓的“迷雾图案”制服，而且很快就撤回了，因为这种制服太容易被误认成德国武装党卫队和伞兵的伪装服。有记录显示，美国伞兵曾在其浅棕色伞兵制服上涂抹绿色斑点，以在欧洲绿林中提供更好的伪装效果，其他士兵（特别是侦察兵）偶尔也曾这么做过。

美军的靴子和其他皮革装具均为赭石棕色（偏红）。战争开始时，美军使用深棕褐色的帆布装备——这种颜色在森林和雨林中很显眼，尤其是在穿着颜色较深的制服时，士兵们有时会在带子和弹药袋上漆上绿色或棕色的斑点。1943 年年底，新生产的帆布装备开始采用绿色较深的橄榄绿色调，但旧的棕褐色装具在整个战争期间仍在使用。因此，实际上的情况是棕褐色和绿色的物品经常被混在

进行巡逻训练的美军士兵身穿“青蛙装”——这是一种印有五色人字斜纹图案、可以反穿的服装。他们的橄榄绿色军帽上覆盖着大网眼头盔网。这些头盔网像面罩一样，可以提供有效的伪装。有趣的是，这些士兵携带的是恩菲尔德 M1917 步枪。（汤姆·莱姆莱恩、装甲板出版社）

一起，甚至同一套装备中也会出现两种颜色。为了给棕褐色的装备着色以匹配橄榄绿色制服，美国陆军军需部下发了“军需部第 3 号装备着色用混合颜料”，指示头盔、掘壕工具和类似的装备应被漆成深橄榄绿色。在大部分情况下，军衔袖章（即便采用柔和的颜色也很显眼）、军官的军衔领章和鲜艳的单位肩章在战场上都会被去掉。

英军和其他英联邦军队使用中褐色毛料制服，这种颜色在英军的术语里也称作“卡其色”。与美军的橄榄绿色一样，英军的卡其色在具体色调上也有差异。英军热带制服的沙褐色布料被称作“卡其布”（Khaki Drill，引申自传统上使用的材料）。这种制服在北非以及后来西西里岛和意大利的夏季使用，也是战前远东地区的标准装备。事实证明，这种制服完全不适合 1941—1942 年在马来亚和缅甸丛林中的战斗——最初它们被重新染成了绿色，后来在1944年后被深色的“丛林绿”制服取代。

英军的靴子采用黑色的皮革。帆布装备为深棕褐色，但因常常被士兵用混合颜料擦洗，导致其颜色从各种绿色到接近白色不等。1944年起，英国生产了深绿色的帆布装备，但战争期间只配发给了远东的部队。

英军很少使用伪装服，最有名的是1942年的空降部队和后来一些突击队员穿的“丹尼森”迷彩罩衫，这种服装在浅绿底色上有绿色和棕色的宽条纹图案。部分部队可以使用轻便的两件式“防风服”，基本伪装图案与“丹尼森”迷彩罩衫相同。在战场上，颜色鲜艳的部队徽标有时候会从作战服上被去掉，但由于它们

在诺曼底的美国第2装甲师装甲步兵身穿M1942一体式伪装服，头盔上覆盖了经过装饰的细网眼伪装网。除了与武装党卫队的伪装服相似之外，这种一体式服装在大小便之前必须立刻脱掉。请注意，最左侧士兵的腰带上挂着缴获的瓦尔特手枪皮套。（汤姆·莱姆莱恩、装甲板出版社）

的尺寸很小，往往会有部分被保留——这由部队指挥官决定。在欧洲，军衔徽标因其柔和的颜色而常常被保留。在远东，所有徽标通常都会被去除。

苏联红军的制服较为朴素，颜色从中褐色到深褐色不等（靴子是黑色的），在炎热的南方地区则是浅褐色或者棕褐色。标准的外套为灰色，坦克兵的套装为黑色或深蓝色。苏军有少量伪装服，这些宽松的连体服装通常会配发给狙击手、侦察兵和突击工兵。大部分伪装服都印有颜色各异的双色调的“云彩”形图案，此外还有印有挂绳结图案的款式，以及在战争后期出现的斑点图案款式。大部分个人装备最初采用中褐色到深褐色的皮革制成，随着战争的推进，橄榄绿色帆布和织带的使用越来越多。

德国陆军和武装党卫队使用“原野灰”制服，这是一种偏灰的绿色，但色调有所不同。从战争中期起，他们在夏季常常穿着颜色较浅的“芦苇绿”（一种浅灰绿色调）轻便制服。在北非和南欧，德军配发了浅橄榄绿色热带制服，但德国空军则依然穿自己的棕褐色服装。另外，装甲兵穿着的是经特别剪裁的黑色制服——由于这种服装很显眼，因此德军又给突击炮车组人员（经常需要下车勘察路线和阵地）配发了同种制服的原野灰款式。

德国陆军对伪装服的需求非常有限。主要的迷彩用品是统一配发的 1931 式帐篷布（德语 Zeltbahn），两面都印有“碎片图案”（德语 Splittermuster），但一面为浅色，另一面为深色。从 1942 年春季开始，这种棱角分明的图案以及后来边缘较柔和的“沼泽图案”被用于少量发放的作战服和头盔罩，以及于 1943/1944 年冬季开始广为使用的可反穿迷彩 / 白色带衬里冬季制服上。在意大利，有些制服是用意大利陆军迷彩布料在当地制造的。自 1929 年起，意大利一直是用伪装材料制作帐篷帆布的先行者——一些军官甚至还定制了迷彩制服。德国空军伞兵配发有长款跳伞服和头盔罩，采用类似的“碎片图案”。武装党卫队于 1937 年率先使用带有独特斑点图案的伪装服和头盔罩，随后更是广泛使用令人眼花缭乱的各种春夏季和秋冬季伪装图案及颜色。他们还配发了一些伪装野战帽，并于 1944 年推出了由上衣和裤子组成的全套伪装服。

德军的靴子是黑色的，皮革装具也大多为黑色。帆布和织带装备可能为原野灰、芦苇绿、淡褐色或棕褐色，从 1943 年起，装备颜色变得多样化，许多非标准颜色开始出现。德国空军伞兵是唯一使用迷彩图案织带装备（子弹袋和手榴弹

丹尼森罩衫于 1942 年被首度下发给英国空降部队，事实证明这种服装很实用。它由厚重的防风材料制成，内衬毛呢布，在绿色的底色上印有伪装图案：宽阔、参差不齐的深绿色和褐色条纹。这种服装的样式比较宽松，是为了在跳伞时套在织带装备上，衣服上还有 4 个宽大的贴袋。它最初是颈部有拉链的套头衫，后来改为拉链可以一直拉到前面的样式。（帝国战争博物馆）

袋）的部队。德军在其复杂的制服徽标上保留了一定程度的普鲁士风格。白色和银色元素被暗灰色所取代，军衔肩章有时候会被反戴或覆盖布套，但不管战时的经济多么困难以及是否显眼，他们都保留了军种特有的彩色绲边。

两名德国步枪兵将他们的迷彩帐篷布当作罩衫穿着，上面印有战前早期版本的“碎片式迷彩图案”。他们用木炭在脸上涂抹出条纹，并在头盔上用橡皮筋绑上了过多的蕨类和野草。当他们从一个掩体转移到另一个掩体时，这些过多的“鹿角”（德语 Geweihe）状伪装物就会很显眼。（尼克·科尼什）

战争初期武装党卫队 MG34 机枪班的轻机枪手。1942 年前，工厂制造的伪装服和头盔罩都是武装党卫队所独有的——它们设计精巧且被不惜工本地制造。头盔罩有固定在头盔边缘的弹簧钩，伪装服的袖口有松紧带以及遮盖双手的“褶边”。头盔罩和伪装服都配备了一体化的挂环，用于将树枝固定在头盔和肩上。

“过白”的雪地伪装服

战争初期，部队往往不得不临时制作伪装服，好在各国军队后来都下发了宽松的白色雪地伪装服。这些服装往往是专业兵种（如山地、滑雪和突击部队）率先使用或独有的，在许多情况下也配发给常规步兵和其他前线部队。

苏军在战争的第一个冬季中就广泛使用了连体白色大衣或两件式套装，从 1941/1942 年的冬季起，德军不得不仿效这种做法。在工厂生产的服装投入使用之前，有些德军部队雇佣当地的苏联妇女制作雪地伪装服。但更常见的情况是，士兵们用床上用品临时制作自己的头盔罩、雪地帽和雪地服。他们还从床单上撕下布条，包裹枪管和其他装备。

这种服装通常由薄棉布或亚麻布制成，没有任何保暖作用，仅用于伪装。雪地伪装服被设计成可士兵将织带装备佩戴在里面，并留有以便取用弹药袋和制服口袋里物品的缝隙。实际情况是，织带装备往往会因“需要更方便”而被佩戴在伪装服外面——在有植被的地区或者冰雪消融的环境下，这反而能加强伪装效果。

与雪地伪装服不同的是，从 1942 年起，德国军队生产了保暖能力很强的两件式冬季套装，其设计目的是既能保护、又能隐藏穿衣者。陆军和武装党卫队都生产了这种流行的服装，其特征是带兜帽的厚夹克（派克大衣）。它们可以反穿，一面为灰色或者印有迷彩图案，另一面为白色。

随着战争的延续，雪地伪装服和其他白色服装变得肮脏且显眼。在开阔的雪地中，面部、手套、靴子、背包、织带装备以及武器可能显露出来，抵消雪地伪装的效果。有时候，各国军队会配发白色面罩。另一个问题是敌我识别。德军和苏军有时候用一只或两只袖子上的彩色布片进行近距离识别。

身着伪装服的武装党卫队下级军官在俄罗斯森林中的生活掩体前休息。掩体入口被一块印有武装党卫队迷彩图案的帐篷帆布遮挡，以避免阴影被空中侦察发现。（尼克 · 科尼什）

从 1942 年起生产的德国陆军“碎片图案”迷彩头盔罩和罩衫。与武装党卫队的同类装备相比，它们的制作更为简单。

头盔

美国、英联邦、苏联和德国军队使用的头盔在出厂时都会被漆成差不多的深橄榄绿色或绿色。德国头盔的色调因制造商不同而也有所差异。不管是采用哑光还是半哑光漆面，头盔在潮湿时会具备反光能力，尤其是在月光、星光或附近人工照明下的夜晚。有时候，官兵们会在头盔上涂抹泥浆以避免反光并加强伪装效果。虽然也有漆上迷彩图案的头盔，但十分稀少。美军降低头盔反光度的方式是在油漆中混入压碎的软木，英军和德军则惯用沙子，尤其是在北非的时候。美军使用 M5 液体糜烂性毒剂检测油漆（如果接触液体芥子气战剂就会变成红色）在头盔上产生伪装，这种油漆的色调比工厂使用的橄榄绿色更浅。

在北非，德国和英联邦军队常常将头盔漆成沙色。在冬季的雪中，头盔则常常被刷成白色，或者被临时制作的白布罩所覆盖。德军有时会用糨糊在头盔粘上白纸。各国军队都曾使用过不同形式的头盔罩，既有配发的也有临时制作的（通常用棕褐色的沙包布料或者粗口袋布）。这些头盔罩可以消除反光，使头盔的轮廓变得柔和，且有助于减弱树枝碰到头盔时发出的噪声。此外，它们还有助于固定伪装用的枝叶，但这一需求更常通过配发细线编制的头盔网来满足。

1944/1945 年冬季，美军士兵头戴在当地制造的亚麻雪地斗篷和头盔罩，拖着运送伤员的雪橇。这些服装很快就会被弄脏，但在冰雪覆盖的乡间，这反而有利于伪装。（汤姆 · 莱姆莱恩、装甲板出版社）

1942/1943 年冬季，德军士兵在东线的一个掩体外面炫耀他们新款两件套——兜帽式雪地伪装服和连指长手套。

美军从 1943 年起使用大网眼头盔网，有时会加上装饰。1944 年，美军配发了网眼显著变小、用较重的“弹性”网线编制的头盔网，并附带一根环绕盔顶下半部分的弹性氯丁橡胶带。这根带子就是用来固定住头盔网的，使其可以自由地垂在人的面部，而不是固定在头盔衬里和钢壳之间。英军在战争初期开始使用中小网眼的头盔网。1939—1940 年，在法国的英国远征军的一些部队制作了棕褐色的粗麻布头盔罩，上面有用于插入植物的环扣，整个战争期间，个人和部队大多都使用沙包布料制作较为粗糙的头盔罩。

在德国武装党卫队中，带有植被固定环的迷彩布料头盔罩是标准装备，但陆军使用了更加多种多样的头盔罩，因为工厂制造的罩子严重不足。直到 1942 年，可两面佩戴的迷彩图案头盔罩（另一面为白色）和带固定钩的编织绳网才开始供应，但似乎一直供不应求。当时流行的做法之一是从旧车辆内胎上切下狭窄的橡胶环，临时制作成伪装固定带。另一种方法是使用随干粮袋（或“面包袋”）提供、但很少真正需要的可拆卸帆布肩带。这条带子可以环绕头盔，从一侧越过盔顶到另一侧，两边用尾钩固定在盔沿。此外，还可以将鸡笼铁丝网粗略地塑形为与头盔大致相似的形状，并使其边缘在盔沿下上翘。头盔罩则可以用粗口袋布和旧帐篷帆布上的伪装布料临时制作。

在头盔上固定植物枝叶时，只需使用足够的枝叶和杂草来打破轮廓，并在头盔下沿稍微突出一点。使用过多的植物来伪装是错误的做法，因为即使头部有很小的动作，都会造成这些“羽状物”摇曳而引起注意。太多的植物枝叶还会在移动时挂上其他植物。当植物枯萎且改变颜色，或者士兵们转移到地面植被明显不同的地区时，就应该更换。出于上述的各种原因，替换编织在伪装网内外的装饰布条通常是更好的解决方案。在英联邦军队中，这些“粗布”是标准配备，士兵们也受过正确用法的指导。

1943/1944 年的德国步兵身穿两件式可反穿兜帽保暖冬装，这种服装是从 1942/1943 年冬季开始配发的，一面为白色，另一面为灰色或者图中的“碎片”迷彩图案。这种服装结合了隐蔽性和保暖性，因此很受当时的士兵欢迎。（尼克·科尼什）

单兵装备

皮带、挂架、弹药袋、水壶和毒气面罩袋、掘壕工具、刺刀鞘、背包、干粮袋和许多其他物品都有着柔和的颜色，通常与制服颜色形成对比，金属配件则通被常染成黑色或暗淡的黄铜色。这实际上有助于士兵的伪装:颜色和纹理上的细微变化，士兵衣物身体上所形成的阴影和不规则性，都能改变原本的轮廓。虽然不常见，但织带装备有时会被漆上绿色或褐色的斑点，或者被用木炭画上条纹。

除了改变外观，巡逻队员还必须对装备和武器进行“消音”。金属间的碰撞可以通过正确放置装备，以及在背包里的金属物品之间垫上布质物品来避免——袜子在这方面就很有用,因此士兵们往往会携带额外的袜子。口粮罐也必须加上衬垫，金属扣和弹簧钩必须用胶带固定。弹药必须包装好，使其不会发出摩擦声。有些型号的弹匣——尤其是弹鼓——会因为子弹松动而容易发出响声。水壶从一开始就要灌满，避免因水的晃动而发出声音。不能让靴子嘎吱作响，口袋里的松散物品也必须被包裹或者丢弃。

士兵们偶尔会将植物枝叶塞进皮带和背带里，但这样做通常很麻烦，作用也没那么大（和过度伪装头盔相似）。如果固定的枝叶恰好足以改变士兵的轮廓，那么在渗透到敌方阵地附近时可能很有效，在敌机飞过时，这种做法也可能有用。但移动中的士兵要立即停下、蹲下（俯卧的身体在空中更容易识别），不要抬头看飞机（即便它已经过）而暴露他们苍白的脸部。

英军部队统一配发 3×3.5 英尺的棉质“虾网面罩”，这种面罩染上了绿色和褐色斑点迷彩图案。它是一种多用途装备，可以垂挂到头盔和面部上，或者用于在俯卧时遮盖背包和肩部。在 1941 年之前，苏军也向步兵配发一张大约 2.5×4.5 英尺（0.76×1.37 米）的小网。这种伪装网在被用当地植物装饰后，可以覆盖士兵和散兵坑护墙的一部分，也可以在行进中垂挂在士兵的头盔、肩部和背包上以达到伪装效果。但是，德军入侵后这种装备停止配发。苏军还使用了其他伪装用品，但我们只从德军资料中找到了简短的描述：

步兵伪装遮障：包括一个分成几片、用金属线制成的扇形精巧装置，覆以装饰材料。遮障上有一个孔，步枪可以从那里穿出。它看起来就像灌木丛，有三种可以使用的颜色。遮障可以被折叠起来放入袋中，由单兵携带。步枪兵俯卧在遮障后的

1942 年的北非，深壕中的德国掷弹兵戴着用抹布或帆布整齐缝制的沙色头盔罩。他们的热带制服为橄榄绿色，但随着太阳的暴晒和水洗，这些颜色会明显褪去。有些士兵为了像“老野兔”（德语 Alter Hasen，意为久经沙场的老兵）的形象，会有意地用漂白剂将其制服颜色变得更浅。德军仿效意大利军队在这一战区的做法，也精于修建没有护墙的狭窄深壕，使其很难被从空中或地面发现。（帝国战争博物馆 HU5604）

阵地时，可以充分地隐藏身体。在攻击中，步枪兵可以蹲下并前推着遮障向前移动。在 150—200 米的距离上，这种遮障肉眼可见。

机枪伪装罩：由彩色织物制成，上面编织有彩色草垫。即便是在前进过程中，伪装罩也不会被取下。带有伪装罩的机枪在大约 100 米内才会被发现。

伪装流苏：包括一条大约 3 米长的带子，上面悬挂着草色的垫子。带子两端的钩子用来将流苏固定在伪装目标上。步枪兵可以将流苏固定在头盔或肩上。五条这种流苏可伪装一挺机枪，六条甚至可伪装一门反坦克炮。

有些德国部队使用在当地用网状材料制作的“网眼背心”，这种背心可用来覆盖躯干前后，直至臀部位置。网眼背心在头部和手臂处有开口，有匹配的头盔网，并可用植物加以装饰。然而，这种背心被证明不实用，因为它们经常被植物钩住。其他德军部队会使用旧帐篷布或手绘伪装、颜色柔和的布料制作无袖罩衫或者塔巴德式搭肩衫。上述做法在诺曼底都很常见。防蚊头网是覆盖头部和肩膀的细网眼头罩。除了防蚊之外，它的另一个作用是隐藏头盔的轮廓并遮挡面部，对狙击手很有用——德军狙击手还会用迷彩帐篷布制作简单的面罩。

轻武器

此类武器通常不需要伪装。它们大多用黑色或接近黑色的金属制成，配有木质枪托和枪柄，以及皮革枪带。所有军队都对武器的清洁和维护有着近乎迷信的重视，因此涂装武器的想法在直觉上令人反感。在枪上固定植物通常不实用，但狙击手常常会在枪管上缠绕布条或其他材料。这种做法必须小心为之：伪装不能干扰到对武器的操作，如装弹、换弹匣或子弹带、击发和清理等，也不能干扰到瞄准具的使用与调整。

面部伪装

天然的皮肤油脂会使面部反光，尤其是前额、鼻子、颧骨和下颌。因此在执行夜间巡逻和突袭任务前，士兵们会将面部、耳朵、颈部、手背和手腕“涂黑”。狙击手有时候在白天也采用这种做法，它几乎成了突击队员、游骑兵和其他特种部队官兵的标志。据说，美加联合第 1 特勤队被德军称为“黑色魔鬼”（Black

Devils），这个名字起源于安齐奥战役，当时涂黑面部的特勤队员在德军战线内积极实施袭击和骚扰巡逻。

涂黑面部最常用的材料是葡萄酒和啤酒的软木塞。具体的做法是：先用火柴、蜡烛或者打火机烧焦软木塞的末端，然后放几秒钟，待其冷却后在脸上涂抹。这种黑色沉积物的附着力相当强。壁炉或者炉灶里的木炭或者煤灰也很有效，但士兵出汗时，这些粉状材料很容易脱落。有时候，士兵们会使用黑色或棕色鞋油，但这种油状或蜡状的材料会令人感到不适且很难洗掉，而且它们即便在干了之后也会反光。士兵们偶尔会使用泥浆，但同样会令人感到不适，容易因为出汗或擦拭而掉落，并且可能含有有害细菌。

陆军元帅隆美尔和参谋军官在诺曼底检阅一辆被安装在法国霍奇开斯坦克底盘上的 105 毫米“混血”突击炮。炮手们身着单位自制的伪装背心——简单的粗麻布套头衫，并将其手工漆成绿色。（尼克 · 科尼什）

操纵步兵反坦克发射器（PIAT）的英国伞兵戴着有些破旧的小网眼头盔，上面的装饰布也残破不堪。他的肩背上还垂挂着统一配发的“面罩”——这种软棉布“虾网”被做了伪装，染着大的绿色和褐色圆形斑点。（帝国战争博物馆）

涂黑面部的错误做法之一是过分涂抹；如果环境中有任何光线，将面部均匀涂成全黑会过于显眼。更好的做法是以条纹、不规则条带或点状斑块的形式涂黑。另一个错误是使用了大量黑色颜料，但没有在眼部和口部周围涂抹。而因为嘴唇和眼球不可能涂黑，士兵们得到的建议是，在靠近敌人时紧闭嘴巴并半闭上眼睛。

1944 年，美军配发了棒状的伪装面部涂料。这是一种两端有盖的小马口铁管，内装硬质胶棒，一端为绿色，另一端为“壤土色”（很深的绿色）。给身处沙漠地区的部队配发的，其一端为沙色，另一端为浅绿色；给身处冰雪地区的部队配发的，其一端为白色，另一端为“壤土色”。不过在战争结束之前，这种涂料都很少被使用。

单兵隐蔽

士兵们被教导利用任何可用的隐蔽物进行越野移动。他们还学习了各种有助于不引起注意、最大限度减少暴露风险的技巧。适用于静止或移动中单兵隐蔽的简单规则如下：

日间静止时的隐蔽：

1. 不进行观察时，尽可能靠近地面。

2. 在有必要移动前保持静止。

3. 进行任何可能的观察时卧倒，或者从最不容易暴露的位置观察。

4. 避免出现在天际线上。

5. 避开单棵或小丛树木及灌木，因为它们很突出，会吸引敌人的火力。

6. 避开容易被描述的地点，如围栏转角、墙角或其他能让敌方观察人员很容易地向武器操作手描述的独特位置。

7. 如果从一个观察位置转移到另一个观察位置，应首先离开敌人的视线，然后再转移到另一个位置。

日间移动：

1. 在开阔地时，身体应伸展平卧，不做任何动作。

2. 观察时应缓慢、稳定地抬起头。不要做任何突兀或迅速的动作。

3. 改变位置时，注意敌人可能占据的阵地，规划路线以避开来自这些地点的观察。

4. 从一个位置转移到另一个位置之前，应预先规划路径。

5. 移动时应利用任何可用的隐蔽手段，不管这些手段有多么微不足道。

6. 从植物遮挡的地方越过天际线，或者采取低姿匍匐前进。

7. 尽可能保持在阴影下。

8. 确保尽可能少地移动或晃动所经过的植物。

9. 注意，在早晨，你可能会在露水覆盖的植物上留下明显的痕迹。这个问题也同样会出在被雪和霜覆盖的地面。

10. 利用战场的声音和气象活动（雨，风等）的声音掩盖移动时所制造的声音。

11. 在任何时候都要确知自己的位置，不要迷失方向或混淆己方部队的位置。

12. 注意，你可能在任何地方遭遇静止不动的敌人（尽管可能性不大），敌人也可能从任何方向（包括你的背后）向你靠近，尤其是在你已远离己方战线时。

夜间移动：

1. 避开天际线，避免自身轮廓出现在浅色背景前。

2. 沿着林木线和植被线及其他地形特征进行移动。不要因为天黑而选择穿过开阔地的路线。

3. 尽可能留在阴影中，因为月光可能会暴露你的影子。

4. 绝对遵守灯火管制和噪声管制纪律。

5. 缓慢移动，高抬腿以避免剐到低矮的植物使其晃动。落脚前用脚尖试探细枝、干树叶、碎石等。

美国第 63 步兵师的士兵准备前往“齐格弗里德防线”进行夜间巡逻。他们正在传递从厨房炉灶里刮下的一盘烟灰，以涂黑面部。木炭和烧过的软木也可被用于这一用途。（汤姆 · 莱姆莱恩、装甲板出版社）

6. 利用背景噪声（风、雨、车辆、战场的声音）掩盖你在移动中制造的各种声音。

7. 如果听到照明弹被发射的声音，应立即卧倒保持不动。如果突然暴露在照明弹的光亮中，立即停止活动。切勿直视照明弹的亮光，因为那会造成长时间的夜盲。

“适合巡逻的天气”是一个非官方词汇，它的定义很不清晰，但任何步兵都能理解。我们可以将其描述为凉爽的阵雨天气，巡逻队在这种天气里不会感到炎热，也不会浑身是汗和太过寒冷。这种天气又冷又湿，足以让无聊的固定哨哨兵试图避雨，从而降低警惕性。尽管巡逻队员的身上也会被打湿，但这种不适感会因雨水、潮湿植被和地面覆盖物使移动变得更安静而得到弥补。这种天气条件往往伴随着薄雾或浓雾，会进一步限制敌方的能见度。

灯火管制

黄昏和天黑之后，灯火管制显然是必不可少的。战场上的任何光源都可能让敌人知道部队所在位置，更可能引来火力打击。在大部分官兵抽烟、并将烟草视为放松手段的时代里，执行无聊的放哨任务时，士兵们会受到香烟的强烈诱惑。即便士兵躲在掩体中，烟草的味道仍然可能惊动搜索中的敌方巡逻队，更不用说香烟燃烧时的火光。

必须遮盖在夜间用于研究地图的手电筒和蜡烛。在研究地图或写信的士兵身前，必须垂挂披风、帐篷帆布、毛毯、雨衣或者几件夹克，最好是在茂密的植物或洼地里做这些事情。煤油炉、汽油炉、油炉和炭炉、提灯、蜡烛，以及于地堡和掩体内临时制作的“战壕灯”都必须被遮挡。射孔和入口应该被遮盖，入口处还应被安装双层遮光帘或门。不能在前线使用炊事或取暖用火，或者只能在严密控制下使用。即使用干燥的硬木燃起的小火，也需要避免使用新鲜、多汁、腐烂或潮湿的木材，因为那样会产生烟雾和异味。虽然在树下生火对周围的人来说并不显眼，但会导致树梢和枝叶繁茂的树枝下部发亮。

灯火管制的内容之一是要避免双筒望远镜和武器光学瞄准具的反光。后者往往带有前镜头盖，双筒望远镜也可以用类似的方式遮挡——将双手弯曲成碗状放在前镜头上，延伸到镜头的范围之外。如果在建筑物内观察或射击，则士兵应站在房屋内阴影处并远离窗户，这样做可以避免设备反光，也有助于遮挡枪口焰。

不需要使用护目镜时，士兵们往往会将其抬高到前额、头盔或帽子上，从而引起反光——正确的做法是将其拉下来放在颈部周围。

车辆伪装

车辆的伪装不仅依赖于隐蔽自身，还需消除或掩盖行驶痕迹、避免反光、改变外形轮廓与阴影，并为它们漆上合适的颜色。需要注意的是，“车辆”一词同样指代任何其他机动装备或大型武器。

停车位置的选择

不管车辆做了多么好的伪装，如果选择的位置不合适，也有不小的可能被敌人发现。阴影区域是理想停放位置:在北半球,选择高于车辆的物体北侧最为安全，而东侧与西侧则分别在上午和下午存在暴露风险。但即便投射阴影的物体比车辆低矮，其阴影仍有一定隐蔽效果。使用伪装网或者放置植物，以及将车辆停靠在阴暗、凹凸不平的地形来实现伪装也是同样的逻辑。

集中停放过多车辆易引起注意，因此分散部署至关重要。为防止炮火和空袭同时摧毁多个目标，车辆与重型武器需保持间距，通常以 50 英尺为基准，但具体间隔需根据昼夜能见度、天气（晴雨雪雾）、地形植被及威胁等级灵活调整，范围可在 50 至 300 英尺之间。例如，为防范空袭，公路行军时需拉大车间距，防炮击时则可适当缩短间距。调整间距的关键原则是保持各车辆或阵地间的可视联络，避免脱节或出现防御空隙。

前锋部队的车队在需要暂停时，常采用“人字形”布局——车辆交替驶离道路两侧并斜向停放。但若路旁树木、灌木或建筑投下阴影，则应优先停靠阴影区，注意避开可能阻碍撤离的沟渠、围墙或植被。

无树木遮蔽时，车辆应顺应地形轮廓停放，避免暴露于开阔地带，即与道路边缘、栅栏、围墙或树篱保持平行。在城区中，车辆更应该靠近建筑物或者在巷子里停放，也可以将车辆停放在此前被摧毁的车辆中间。穿越耕种过的田地时，车辆应尽可能与犁沟平行，而不是垂直或斜穿。如果不可能做到，则最好是沿着边缘行驶，平行于相邻的围栏、围墙和树篱。当然，实战中常难以严格执行这些理想的做法。

武器阵地的选址需要被优先考虑的是观察范围和射界。需警惕选择“最佳”位置——那往往正是敌军重点侦察区域。即便隐藏得很好，敌方仍可能对可疑区域实施预防性炮火覆盖或进行火力侦察。

在沙漠或草原等无特征地形中，车辆常常因阴影和车辙而暴露。车辆外形越低矮越好，因为这样投射的阴影较少。为车辆挖掘掩体可以部分降低车辆的高度，使其更容易用伪装网加以伪装，但所需工作量很大，而且大量被翻动和移动的土壤也会引起敌人对该位置的注意。利用洼地、冲沟或植被丛是更实用的选择。

这个美国侦察单位的吉普车和M8轻型装甲车停在围栏旁边，以便借助地形来隐藏自身，士兵们还仓促地使用当地的材料（砍下的幼树和树枝），针对空中观察为它们进行了很好的伪装。不过，吉普车仍可能会因挡风玻璃反光而暴露。（汤姆·莱姆莱恩、装甲板出版社）

这辆六号坦克（“虎”式）在防磁装甲（用于抵御手工放置的苏制磁性炸药）上使用了三色伪装漆。哑光的脊状纹理也有助于提升伪装效果。在伪装车辆时，德军更常使用如照片中的天然植被，而不是伪装网或防水油布。（尼克·科尼仆）

这辆美制 M10A1 坦克歼击车停在一所法国教堂旁边的废墟中，士兵将木板放在其侧面以改变其轮廓和特征。将可以获取的任何废料和树枝扔到停放的车辆上是标准程序，比铺上一张伪装网更简便，也迅速得多。（汤姆·莱姆莱恩、装甲板出版社）

德军早期使用的伪装和隐蔽手段

1939—1940 年，德军在波兰和法国在雷区与火炮的隐蔽工作中展现了高度创造性，但却很少对机动车和装甲车辆使用迷彩涂装。使用假阵地的方法似乎很常用：将野战炮隐藏在假的干草堆里，将反坦克炮和弹药车伪装成手推车（甚至让假扮成平民的士兵来推动）。此外，德军还用降落伞空投稻草人和装有虚假命令的罐子，以制造恐慌。事实上，这类伪装战术常被德军用来实施欺敌行动。

1941 年利比亚战役中德军伪装特点包括：

最初，他们在广阔沙漠上不够分散，易遭空袭和炮击，但很快吸取了教训。

有些德军使用垂挂式伪装网和当地布料来制作遮障。装甲车在伏击阵地中使用了垂直遮障。伪装网没有装饰布，仅用植物装饰。他们还用砍下的植物隐藏车辆。

1941 年 7 月，德军炮兵在卡普佐（Capuzzo）附近的废弃意军炮群中设立阵地，直到开火时才被发现。

用备用卡车轮胎滚过雷区，引诱英国侦察车。

大量使用诱饵阵地和假雷区。

将燃油和口粮堆场藏在坑洞中，这些坑洞远离地标、非常分散并被覆盖了灌木。

德军驻北非某步兵营营长撰写的一份报告生动有趣地揭示了因过分遵守秩序和缺乏单兵隐蔽练习而导致的种种困难。他为必须与群体本能做斗争而抱怨：“不仅人畜，连帐篷和车辆也是如此。”他用相当长的篇幅抱怨帐篷和机动车聚集成群及对称分布的情况，并称“这都是德国人的通病”。他还认真地说明了修建狭窄深壕的方法，指出这种战壕不能有护墙，而且必须加以遮蔽，并将英军阵地引为效仿的榜样。事实上，各国军队都有这种要求秩序和整齐布置的毛病，这是和平时期养成的不可救药的顽疾。

减弱车辆特征

无论车辆的位置选择有多么得当，它留下的车辙都会暴露其位置。车辙在潮湿或泥泞的地区、沙漠和雪地里特别明显（用枝叶清扫痕迹反而会留下更明显的处理痕迹……）

一辆经过重重伪装的美国 M4“谢尔曼”坦克在法国村庄中行驶。这样伪装的装甲战斗车辆在停靠于路旁的树篱或高大树木下时，就很难从空中被发现。蕨类植物和树枝被用铁线或绳索固定，但在车辆经过茂密的灌木林时仍然很容易脱落。（汤姆·莱姆莱恩、装甲板出版社）

车辙是航空照片判读员定位集结区、炮兵阵地、宿营地、补给仓库和指挥部的重要依据。场地或设施可能做了很好的伪装，车辆停靠在树下并覆盖了垂挂式伪装网，但车辙仍会如指示箭头般暴露目标。如果有多个出入口，那么确定被占据的区域更容易了。如下措施可以减少车辙：使用现有路径，避免横穿开阔区域，且沿自然地形线行驶；与现有树木线、树篱、围墙和围栏保持平行；新建道路时需仿照当地道路样式和风格；避免在道路交叉口抄近道和走捷径，并采用单向交通循环。可在林区岔路制造虚假延伸轨迹，使真实转向点隐匿于树林。必须通过管控措施确保驾驶员遵守伪装纪律和交通方案。

驻突尼斯英国陆军步兵支援坦克旅的“丘吉尔”坦克提供了一个几近教科书级别的例子，它们以良好的位置选择和伪装避开了来自空中观察。这些坦克沿着一片高大的植物边缘排列，用从植物上砍下的枝叶进行伪装。炮塔的一部分覆盖着“虾网”，但车身上没有，这样做的目的是防止伪装网钩住履带。（帝国战争博物馆 NA17041）

车组人员应该在白天遮盖挡风玻璃、车窗、后视镜和头灯，尽可能地消除反光或闪光。当然，车辆在行驶中其挡风玻璃不能被遮盖，但相关人员可以用泥浆遮盖一部分，或者在车顶悬挂植物枝叶也能避免反光。对于吉普等配备可折叠前窗的车辆，相关人员可选择拆卸或放倒前窗并加装帆布罩。

改变阴影的形状至关重要。对照片判读员来说，车辆轮廓投下的阴影与直接看到车辆一样有价值——它会暴露车辆的存在，有时候甚至会暴露其型号。车辆的轮廓特征——不管是坦克、突击炮、半履带车、侦察车还是卡车——都很容易被任何熟悉军用车辆的人认出，因此改变其外形以妨碍地面和空中观察很重要。在这方面，漆上迷彩图案很有帮助，伪装网也是如此，但使用当地植物效果更佳。车辆自身产生的阴影也很可能暴露它们的存在，针对这种问题，可以通过将车辆停放在树下、茂密植被中、建筑物的背阴面或者具备天然线性特征的事物旁来解决。在车辆背阴面固定伪装网或防水油布并倾斜到地面上，并在这一面堆放树枝和灌木，可以改变阴影形状。将车辆停放在能让其阴影落入不规则植物或瓦砾中的地方也有不错的防侦察效果。

轮舱、轮胎、履带悬挂系统和负重轮会投下具备容易被识别的特征的阴影。常见做法是在车辆停驻时用防水布遮盖轮舱，或放置木板、枝叶。将植物枝叶支撑在棱角处和挡泥板上，可以改变车辆的直线轮廓。敞篷的乘员舱室或载货平台——尤其是带有侧壁或侧板的卡车及半履带车，或者任何敞篷车辆——会投下很深的阴影，这也适用于拖车。将防水帆布或伪装网垂挂在敞篷舱室或载货平台上，可以消除这类阴影。货车上带有篷架的帆布罩不仅能在恶劣天气下提供防护，还能消除阴影，并隐藏运输内容。为了进一步消除阴影，需要给封闭式货厢后部加装挡帘。美国陆军为油罐车和抢修车等高风险目标配备了标准篷架套件，使它们看起来更像常规的货车，但其实际使用率较低。

车辆涂装

美国陆军野战手册 FM 5-20B《车辆伪装》说明了车辆伪装涂装的主要原则：

敌人通常会从某个角度观察车辆，一次至少可以看见两个相邻的表面。例如，从近距离地面观察，敌人可以看到一个侧面和正面；从空中或者航空照片上，敌人可以看到顶部、一个侧面和正面。因此，车辆迷彩图案的设计目的是从各个角度改变车辆的硬线条形状、投下的阴影，使之与车窗、挡泥板、车轮和底盘区域的大片黑影协调，并且要足够醒目，以便在远距离上产生效果。

迷彩图案的颜色包括浅色和深色各一种。事实证明，黑色或橄榄绿色在多个战区中都是令人满意的深色。浅色的选择要与车辆运行地域中典型和主导的浅色相匹配。在车辆底面涂上白色或浅灰色的油漆可以增强反光效果，从而减弱底盘阴影，这称为“反影伪装”。

伪装涂装并非万能。单独使用时，只能使车辆外形在远处不容易被仔细观察，使敌方炮手难以确定车辆位置、难以找到攻击点。除此之外，伪装涂装没有其他作用，比如伪装涂装并不能隐藏移动中的车辆，因为扬尘、反光和移动本身就会暴露车辆的行踪。不过，伪装涂装仍是其他伪装措施的宝贵补充，与良好的位置选择、分散、伪装纪律和伪装网的使用相结合，可以相得益彰。将这些措施结合在一起巧妙运用，能显著提升整体隐蔽效果。

英军在北非使用诱饵并改变车辆“特征”的一个复杂例子。这是一辆以假乱真的“十字军”坦克——在一辆卡车上使用胶合板和油漆过的帆布，并牵引装有履带的配重推车，以制造令人信以为真的坦克经过迹象。在第二次阿莱曼战役之前，杰弗里·巴尔卡斯（Geoffrey Barkas）的伪装部队曾使600辆坦克“消失”，又在其他地方“再现”，而此举只花了25天就完成了（1942年9月27日到10月23日）。（帝国战争博物馆MH20772）

制定迷彩图案的要点包括：

1. 背景环境决定颜色的选择。
2. 下表面的颜色应该比上表面浅。
3. 图案应该大且醒目，横贯伪装物上的主要直线轮廓。
4. 图案须在相邻表面延续（如从水平面过渡到垂直面）。
5. 所使用的颜色须有高对比度。
6. 除非在包含许多深色阴影的地形中，否则应该少用黑色。

不管采取什么手段，车辆伪装的好处并不仅止于“隐藏”它们。即便对车辆进行部分伪装，也可能延迟对方对目标的识别，争取到宝贵的瞬间。伪装还能干扰对方对车辆干扰型号的判定。此外，伪装还可以使敌人难以估计距离和判断准确角度，从而无法瞄准车辆的弱点。

盟军装甲战斗车辆乘员认为，伪装不仅保护他们免遭敌人的攻击，同样也能保护他们免遭求胜心切的本方飞行员的误击。盟军往往使用红色、橙色或黄色的标记板，而德军和意军经常使用大幅国旗。标记板和旗帜平铺在卡车车顶、坦克炮塔顶部或者引擎盖上。救护车上印有很大的红十字标志——盟军使用白底方框，德军、苏军和英军早期使用白底圆标。但这些措施都不能避免飞行员的误击。

大部分国家都使用某种深绿或橄榄绿色调作为车辆的底色，橄榄绿色代表着从土色到温带植物颜色之间的一种折中方案。在沙漠地区，车辆使用沙色和棕褐色作为底色。货车和拖车的帆布罩有时候会被涂装迷彩图案，但这种做法并不可取，因为这可能会加速布料老化。有些时候，大口径火炮的炮管会被涂上“反影伪装”——将底部漆成白色或其他浅色，以减轻底部阴影。

《美国陆军规范 3—1》于 1920 年下发，后又历经多次修订。美军之所以使用不同的色调，是因为配发的同种颜色涂料中有哑光漆、半光漆、光亮漆、飞机涂布漆、珐琅漆和罐头漆之分。虽然橄榄绿色是车辆的基色，但实际色调会随着时间的推移而有很大的变化。美国陆军中负责油漆的部门，从军需部门转到工程部门，再转到军械部门，也造成了所用色调的变化。此外，由于颜料短缺、调配工艺差异以及官方色卡的短缺，车辆和装备制造商采用的色调也略有不同。

英军的车辆伪装底色和伪装图案也经历过不少的变化。针对英国本土、西北欧、北非、西西里、意大利、中东和远东的不同情况，英军都规定了特定的配色方案。英联邦各国军队使用了类似于英军所用的颜色，但在本土使用了不同色调以匹配当地环境。各单位在英国本土或战区中接收的装备通常使用标准颜色，但色调和伪装图案有所差异。例如，澳大利亚在 1942 年时使用深绿色、卡其绿色和浅土色；1943 年时则使用卡其绿和沙黄色的双色方案，后者比英军使用的沙色更黄一些。同样是在 1943 年，他们还采用了被称为“车用中绿色”和“车用浅灰色”的颜色，但很快又更换使用深灰、深绿和中绿色。中绿色是由 50% 的深灰和 50% 的深绿色混合而成。

德军的装甲战斗车辆使用灰色（德语 Grau），其他车辆则使用偏绿的原野灰（德语 Feldgrau）。从 1943 年年初起，标准工厂底色被改为深黄色（德语 Dunkelgelb），在底色上漆有深绿色和褐色的迷彩图案。在北非，德军使用过意大利油漆、德国空军油漆和缴获的英国油漆。德军装备颜色的标准化工作遵照其国有机构“国家质量保证与交付委员会”（德语 Reichsausschuß für Lieferbedingungen und Gütesicherung）的 RAL 840 R 标准。

意大利军队在非洲、西西里和意大利本土使用沙黄色作为底色。在非洲，有些车辆会被漆上红褐色（意大利语 Terracotta）迷彩图案。在西西里和意大利本土，车辆迷彩图案的颜色则采用灰绿色（意大利语 Grigio verde）和红褐色。在巴尔干和苏联，车辆底色为灰绿色，有时候搭配红褐色和（或）沙黄色的图案，但具体的迷彩图案方面则没有被进行任何标准化。

美国陆军规范 3-1，车辆伪装颜色

1 号，浅绿色	8 号，土红色
2 号，深绿色	9 号，橄榄绿色
3 号，沙色	10 号，黑色
4 号，原野棕色	11 号，白色
5 号，土褐色	12 号，森林绿色
6 号，土黄色	13 号，沙漠沙色
7 号，壤土色	

英军标准车辆颜色（B.S. designation）

英军标准颜色名称	色调编号	说明
西北欧		
深土色	No. 1A B.S. 987C	
卡其褐色	No. 2 B.S. 987C	
卡其绿色	No. 3 B.S. 381	又称青铜绿色（底色）
深绿色	No. 5 B.S. 381	
浅绿色		

英军标准颜色名称	色调编号	说明
北非		
石板灰色	No. 34 B.S. 381	
赤褐色	No. 44 B.S. 381	深红土色
浅石色	No. 61 B.S. 381	又称沙漠黄色
中石色	No. 62 B.S. 381	又称浅泥色
如上所述，英军在北非使用浅蓝色和沙漠粉色，在西西里使用中石色和黑色，在意大利则使用卡其绿色（No.7 B.S. 381）。在马耳他，英军在浅石色底漆上覆盖狭窄的不规则黑线，形成网状的图案。英军还使用类似于标准色调的代用色调。		

德军标准车辆颜色

颜色 /RAL 编号	英语名称	说明
米色（beige）RAL1001	beige	内部颜色，有时也用在外部
红底漆色（oxidrot）RAL 3009	Primer red	又称砖红色或深红色
叶绿色（laubgrün）RAL 6002	Leaf green	又称深绿色
橄榄绿色（olivgrün）RAL 6003	Olive green	
深褐色（dunkelbraun）RAL 7017	Dark brown	又称深土色
深灰色（dunkelgrau）RAL 7021	Dark gray	又称坦克灰（主要用作底色）
沙灰色（sandgrau）RAL 7027	Sand gray	
深黄色（dunklelgelb）RAL 7028	Dark yellow	又称沙黄色
绿褐色（grünbraun）RAL 8000	Green brown	又称黄褐色（gelbbraun）参见 RAL 8020
红褐色（rotbraun）RAL 8017	Red brown	又称巧克力褐色（schokladenbraun）
黄褐色（gelbbraun）RAL 8020	Yellow brown	又称深沙色或沙黄色
白色（weiss）RAL 9002	white	

雪地伪装

欧洲的冬季并不一定会下雪。在德国西部和低地国家，降雪情况偶有发生。德国北部往往不下雪；越往南走，海拔越高，也更经常降雪——这和美国的降雪情况恰好相反。东欧大部分地区和俄罗斯大部分地区在整个冬季都会被积雪覆盖。

欧洲各地很少出现全被白雪覆盖的情况。西北欧人口稠密，而且到处是树木、灌木、树篱、公路、篱笆、耕地、露头岩石、溪流、沟渠、围墙、瓦砾堆和解冻区域。车辆和装备可以紧靠阴暗区域或在这些区域内停放。

车辙和足迹在积雪或霜冻环境中会暴露隐藏的阵地。车辙可从远处被发现，车辆急转弯情况下留下的车辙就更加明显了。为了使车辙不那么显眼，应该尽力让它们顺应投射阴影的地形和人造特征，且让所有车辆沿同一轨迹行驶。与无雪的情况一样，必须努力消除或模糊静止车辆在雪地上投射的阴影。

霜和雪会冻结在车辆及大型装备上，这有助于伪装。在这种天气里，可以用被单和白色防水油布覆盖车辆——虽然这些布料也是白色的，但通常会与雪地环境形成轻微反差，不过从远距离看倒是仍有些效果。无论雪地中的阵地伪装得多好，车辆和人员活动留下的痕迹都会引起注意，而火炮发射时的冲击波更会吹走积雪并留下火药灼烧的痕迹。

石灰水被广泛用于雪地条件下的车辆、头盔和装备伪装。石灰水由石灰粉（石灰粉的化学名称为氢氧化钙）和水制成，成本低廉；一包 25 千克（约 55 磅）的石灰大约可以制成两倍重量的石灰水。石灰粉的替代品之一是白垩粉（白垩粉的化学名称为碳酸钙）。冬季降雪时，车辆和其他装备将全部或部分覆盖涂料。在被涂抹石灰水后，物体表面会出现一种哑光的纹理，但不是很持久，而且需要几天的时间才能完成有效硬化，在经过植被时和乘员爬上车辆时也会被刮掉。在石灰水中添加粉状糨糊或盐可以有效提高附着度，经过石灰水粉刷的车辆能够很好地融入冬季的雾气环境之中，尤其是在周围存在树木和灌木丛的条件下。

在常青植物生长的地区，常常只用石灰水对车辆进行部分粉刷，露出 10%—15% 的原漆面，或者漆上少量深绿或黑色的斑点。在降雪量少、反复融雪的地区可采用斑驳的涂白方式。随着冬季过去春季来临，许多白漆在经历诸多磨损后会暴露出更多的原漆面，从而使车辆外观“自适应”于冰雪消融时更多呈现绿色的植被。最终，必须花费精力将剩余的白漆刮掉，或者直接对车辆进行重新涂漆。

1945 年 1 月，英加第 21 集团军群下发了一本《雪地伪装手册》。这本小册子上写道：“可能出现快速解冻，积雪不会在大范围内持续覆盖。此外，即使积雪深厚，建筑物、树林和其他特征仍能提供暗色背景。因此，不应直接将白漆或其他增白剂应用到车辆和武器上，而应将其作为车辆和武器的增白伪装材料中的一种。”此

这辆美制 M2A1 半履带车被涂成了白色，并漆上了几条黑色（也可能是深绿色）的伪装条纹。但非常糟糕的是，车辆在行驶过程中，横跨车轮和轮胎的黑色条纹会产生引人注目的“旋转风车”效果。（汤姆 · 莱姆莱恩、装甲板出版社）

外，《雪地伪装手册》还指示“在可行的情况下，可以将白漆涂在任何可翻转的防水油布（如货车顶盖）的底面”。英军还提供了 3 英尺宽的白棉卷布，士兵可以将其分割成小块并带上细绳，用于伪装火炮或添加进其他伪装网，或进行各种临时伪装。

伪装涂装的错误使用

伪装涂装不仅仅是简单地涂上与泥土和植被相似的颜色；人们经常在这方面犯错，以下是一些常见的问题：

以相同角度绘制垂直或斜向条纹，且所有条纹宽度相同或接近，更甚者会采用一致的交替颜色。这些做法都会因为均匀和不自然的规律性而引起注意。

全车采用统一的图案会造成过于规则的外观，例如将车辆前后角落涂成相同的颜色。实际上，相对的角落应采用不同的颜色，斑块和条纹的形状也不应相同。

不管大小，斑块、斑点、条纹、曲线等必须是不同的尺寸，以及不规则的分布和形状。迷彩图案应该醒目和简洁。

在各个边缘（如炮盾或车辆挡泥板的边缘）周围漆上直线或波浪状条纹时，不管是直接漆在边缘还是与之平行，都只会突出其规则的形状。漆上的条纹和斑块应该从车辆的边缘“溢出”。

在车轮上漆一条对比色的条纹，或者将其涂成两种不同的颜色，会在车辆行驶时产生“旋转风车”或者“闪烁”效果而进一步引起注意。将负重轮涂成交替的颜色也会造成外观过于规整。较好的做法是将车轮涂成纯色。

浅色比例太高（除非与地形相匹配）会引起观察者对车辆的注意，还可能在夜间反射环境光线。这样的车辆在暗色背景的道路上行驶，或者经过观察者与车辆之间的树木时，浅色饰面也会引起注意。同理，过深的颜色也会带来类似问题。

哑光漆会从某些角度反射光线，尤其是在潮湿的时候。

此外，装甲车辆在进入新战区作战时仍保留原部署地区的涂装图案和颜色是非常常见的。例如，英军坦克抵达突尼斯时仍带着英国本土涂装，以及坦克带着沙漠的伪装图案抵达西西里。这是因为缺乏时间或者对应的油漆，或者出于保密的原因，不愿意在出发前进行重新涂装而暴露下一次部署的地点。

当地第一场雪落下后，一辆美制 M36 坦克歼击车的乘员正在用喷枪为其喷上白漆。更常见的做法是简单地将整桶的石灰水泼到运行装置上，但无论如何没必要对该区域进行伪装，因为在冬季，车轮和转向架会不断地粘上泥巴。（汤姆·莱姆莱恩、装甲板出版社）

这辆美制 M4“谢尔曼”坦克被士兵用油漆滚轮刷上了石灰水，使整辆车在小面积积雪和泥泞环境中有着相当好的伪装效果。（汤姆 · 莱姆莱恩、装甲板出版社）

火炮阵地伪装

火炮和其他班组操纵武器（反坦克炮和高射炮、迫击炮、机枪等）的阵地很难被彻底隐藏。它们必须被部署在有充足射界，以及牵引车和弹药车能够进入的位置上，而且它们还会产生火光、烟雾、灰尘和噪声。同时，附近的停车场、堆放的弹药、指挥所、射击指挥中心和炮手的活动都会引起注意。野战炮、高射炮和大型反坦克炮很难被隐藏，需要配备大型伪装网，而伪装网越大就越容易被发现——在自然植被环境中，它们看起来也越像不自然的“补丁”。

火炮阵地的选址是决定其隐蔽性的关键因素之一。在森林地区，可用于野战炮开火的空地往往很少，此时需要发挥想象力来选择能作为替代的发射阵地：火炮在道路的长轴上按照必要的方向排列，或者沿河岸或湖岸布设，或者安放在用伪装网掩盖的小片空地上。位于开阔地带或树林边缘前侧的炮位极易被前沿观察员发现并引导反炮兵火力进行打击。

还有一种错误习惯是将炮兵阵地布置为几何形状，这也会引来注意。大部分轻型和中型炮兵连有4门火炮——某些炮兵连有6门，中型火炮连可能有2门火炮，英联邦各国陆军则采用8门制来编组炮兵连（下辖两个排，各有4门火炮）。照片判读员熟悉对手炮兵连的火炮数量——如果发现了一门，就会在近处继续搜索其他火炮，而可预测的布置对他们的效率提升更有帮助。炮兵连可能按照方形、菱形、直线或交错线、凹面或凸面弧线布置，不过，更好的办法是采用与地形融合的不规则布局。例如，在相对开阔的耕地中，一个炮兵连的4门火炮可以这样布置：一门放在围栏一角，另一门放在两道围墙的“T”字连接处，第三门则放在一丛灌木和幼树后，第四门放在两个干草堆之间。但是，各炮间距不宜过大，才能确保火力覆盖集中——距离区间宜为20—40码。

高射炮阵地特别显眼，因为按照几何图形布置的阵地能提升集火效率。高射炮必须被部署在广阔的开阔地带以获得充足射界（跟踪经过的飞机），而且需要有大量配套设备——指挥所、火力控制中心、火力控制预测/指挥仪、声音探测器、探照灯、发电机，可能还有雷达。高射炮阵地附近往往还有抵御低空袭击的轻型高射炮和机枪阵地，以及人员营区和弹药库。在搜索高射炮阵地时，照片判读员会以潜在轰炸目标为圆心向外排查。

火炮、高射炮和反坦克炮很容易会因它们的炮管、炮盾和长架尾或“蜘蛛式炮架”（高射炮）而被敌方从空中识别。比如其炮管和炮盾会投下具备识别特征的影子。从斜角观察，它们的轮子也很引人注目，但可用防水布遮盖或倚靠树枝木板来规避。火炮掩体通常规模较大，具有统一形状及高厚护墙。牵引车与弹药运输车留下的车辙也会暴露阵地。

针对相对较小的火炮，士兵可以在小树和大的幼树丛中清理出发射位，在将火炮部署后再将细树与树苗弯折覆盖阵地，并将树梢用铁丝捆扎成伪装屏风（通常需借助梯子）。伪装网不仅要覆盖火炮，还要覆盖护墙以及保护炮手和火炮装备的壕沟和散兵坑。一般来说，伪装网在火炮之后延伸的范围要比正面更大，以便覆盖上述各种设施。牵引车、保障车辆和更多的弹药应该被安置在后面较远处——理想情况为 300—500 码，但现实情况更经常在 100 码以内。

除了炮口焰和烟雾之外，射击本身还会扰动炮膛前面的地面，形成灼痕、植被剥离、翻土及飘尘等显眼迹象。即便是潮湿的地面，也会因为频繁射击（不管是火炮还是机枪）而变得干燥易碎，并最终导致扬尘。针对轻武器阵地，士兵可通过泼水（包括尿液）保持其湿润，在重武器阵地时则可用木板、固定防水布、展开纸板箱或沙袋层等将其覆盖。对于火炮阵地，士兵可以在稍大于炮口焰影响区域的地面钉入地桩，然后在地桩之间拉上离地大约 1 英尺的铁丝网，并在铁丝上覆盖灌木和野草（每次射击之后必须更换）。当然，这些努力有可能反而使阵地更加显眼。

反坦克炮阵地存在特殊难题。较大的反坦克炮难以隐藏，尤其是它们较长的炮管和与众不同的方形炮盾。随着坦克装甲的加强，反坦克炮口径也变得更大，为其挖掘掩体和进行伪装也变得更耗时费力。为应对敌方快速反击，它们又必须能够被迅速移动到备用或辅助阵地。后两者的区别是，备用阵地覆盖与主阵地同样的射界或目标区域，而辅助阵地则覆盖另一个区域或者次要区域。因此，在构筑反坦克炮阵地时，应充分利用各种掩蔽物，除了天然的掩蔽物外，也应按情况去使用围墙、瓦砾、建筑物内饰、干草堆和柴堆等人造物品。比如将火炮藏在掩蔽物中，然后放上灌木、岩石或木板以掩盖炮盾和轮胎，是常见的做法。为了改变容易被识别的轮廓，少数武器在制造时就带上了“奇形怪状”或者波浪形边缘的炮盾，如德国的 37 毫米 PaK 35/36 反坦克炮和 75 毫米 leIG 18 步兵炮。

一辆涂白的美国“谢尔曼”坦克正经过德国村庄。在这样的环境下，未做伪装的防水油布、板条箱和其他装载物有助于改变它的全白轮廓。注意车身后部简洁且不引人瞩目的识别标志——黑色的手写数字“4”——这个连的18 辆坦克可能都是以这样的方式编号的。（汤姆·莱姆莱恩、装甲板出版社）

1944 年 8 月的诺曼底，在火炮掩体内的某野战炮营 155 毫米 M1A1 榴弹炮的非裔美国炮手。通过照片，我们可以看到伪装网上的很多装饰，比如两端留有悬垂部分的“蝴蝶结”式装饰，以及较为稀疏的“U”形或“希腊回纹”装饰。（美国陆军）

有些美军部队为 37 毫米 M3A1 坦克炮炮盾顶部加装了波浪形金属条，也是出于类似的目的。

迫击炮相对小、便于携带，因此为其挖掘掩体更容易一些。作为曲射武器，它们往往被部署在敌人的视线之外。在机动性要求较高或者用于短时防御的情况下，迫击炮往往不使用掩体，而是简单地被部署在围墙或建筑物之后、壕沟或山壑里，或者在能够提供掩蔽的任何东西后面。

机枪必须被部署在具有有效射界的地方，因此容易遭到各种直瞄火力的打击。在防御战中，它们极有价值，尤其是在地堡和碉堡中使用时。机枪手往往会努力地减少枪口焰和扬尘，以进一步隐藏机枪的位置。需要强调的是，不管是防御还是进攻，机枪手都应该避免将机枪安放在容易被描述清楚的参考点附近，使敌方观察员更难以引导火力打击该阵地。

苏军往往配发有无装饰的伪装网，有时还会征调真渔网，并在上面放几簇野草或小树枝。图中的伪装网被架设在一门老旧的 76.2 毫米 M1902/30 野战炮上方。（尼克・科尼什）

这辆美国第 7 装甲师的 105 毫米 M7B1 自行榴弹炮被安放在一个土坡上，以增加远程射击时的仰角——通常自行榴弹炮的仰角只能达到牵引式火炮的一半。图中，未做装饰的“虾网”被垂挂在阵地上方和周围，但散落的黑色炮弹包装筒和浅色的木箱仍然会引起空中观察的注意。（汤姆・莱姆莱恩、装甲板出版社）

其他伪装

观察哨

炮兵观察哨须被部署在可以监视大片区域，且拥有多条进出通道的位置。观察哨必须设于高地，但需避开显眼地点，如小山顶、山脊线、教堂尖顶、最高的建筑物、山坡上的孤立农舍等。敌方会对这些潜在观察点实施试探性炮击，因此应选择更隐蔽的位置：两层及以上建筑物的上层（但不一定是最高层），在屋顶凿有观察孔的阁楼，已经被毁的农舍里，等等。有时候，真正的观察哨会被设立在显眼观察点的附近，以分散敌人的注意力。观察哨有许多须被隐藏的识别特征：无线电天线、电话线、地图板、双筒望远镜和潜望镜（可能反光），以及人员活动。即便敌人可能无法精确定位观察哨，但仍能判断出其大致位置，并向该位置所处区域发射烟幕弹来防止被观察。

障碍物

障碍物几乎无法被伪装，但如果地形和战术形势合适，就可采取延缓其被发现的对策。虽然障碍物对防御至关重要，但它们的存在对分析人员而言无异于一个提醒：防御阵地就在附近。

可在灌木和高草地之中，或者在低地以及反坡之后布设带刺铁丝网和绊网，但须为己方巡逻队预留隐蔽通道。可在道路转弯处布设路障和坦克障碍，以阻挡敌方推进的坦克。反坦克和反步兵地雷须被埋于地下，但有经验的士兵往往可从隆起或翻动的泥土、不合适的地表覆盖物、雨后浅洼、绊网以及丢弃的地雷包装材料和保险销发现它们。在沙漠地区，风可能吹走沙子，暴露出地雷。值得注意的是，有时没有任何伪装的地雷会被简单地放置在地面上，它们通常只起威慑作用，但只有在火力掩护下才能生效。

诱饵

与伪装“相反”的手段是放置诱饵或仿造模型。它们可以有效地分散敌人的注意力，使其无法判断部队的实际兵力、局限性和部署，或许还能吸引敌人的火力，使之远离真正的阵地和设施。但诱饵也不能过于明显，至少应该出现在看似合理

1940—1941 年英格兰海岸演习期间的英国 2 磅反坦克炮。它的外形低矮，很容易用天然材料对其进行有效伪装——图中使用的是戈壁灌木。但由于炮架的轮子为了方便射击而被拆下，因此这门火炮难以被快速转移到备用阵地。

被部署在积雪的沟壑中的苏联 45 毫米 M1930 反坦克炮。士兵用一张床单和堆起的雪对它进行了有效的伪装。（尼克·科尼什）

的地点，并加以伪装。复杂的大规模欺骗行动需要用到专用器材：如安装在坦克上的假卡车车身或者安装在卡车上的假坦克、橡皮充气坦克。英军在北非广泛使用这两种诱饵，那里地形开阔，敌军的空中侦察是真正的威胁，而在海岸或沙漠边侧部署装甲部队是至关重要的谋划。诺曼底登陆前，大量橡皮“谢尔曼”坦克在欺骗行动中发挥了重要作用。

这4门苏制152毫米M1938榴弹炮已经被刷上白漆，被部署在积雪的掩体之内。火炮掩体内投下的阴影和阵地周围翻动的积雪会引人注目，尤其是在阳光近乎平射的清晨和傍晚。（尼克·科尼什）

较少为人所知的是1939—1940年英军在法国使用的“玛蒂尔达”假坦克，以及德军于1944年在诺曼底使用的假“豹”式坦克。这些“战术级”模型大部分是用当地材料制成的，可以被轻松且快速地搭建。需要注意的是，除非部队长期驻防，否则不会有多少时间搭建假模型，因为这一工程需要相当的人力和物资，而回报却往往不大。不过，美国陆军野战手册FM 5-20D《野战炮兵伪装》提供的总体方针同样适用于其他诱饵搭建工作：

除非我们想要误导敌人，使其不知道我们的实力和意图，否则必须先隐蔽真实阵地再布设假目标——唯有当真实目标无迹可寻时，假目标才能起到误导作用。

诱饵阵地应该被布设在射击炮位的侧翼，以避免被敌方对诱饵的攻击所波及。两个阵地的间距依具体情况而定，但需要以挫败其关联声光测距数据和目视观察结果的企图为前提。

布设诱饵阵地时，需要刻意制造一些真实阵地伪装不当的典型特征，比如炮口焰灼痕、脚印和车辙、火炮等距排列、废弃物、散兵坑和专用壕沟、挖掘出来的土壤、横穿道路的通信线缆及弹壳等。

但是，这样的“伪造”不可过度。需要尽力让诱饵阵地会因细小的线索被发现。比如阵地出口处有少量足迹、有通向瞄准桩的隐约小径，又比如树林（合乎逻辑的伙房所在地）附近有几个丢弃的罐子，那么这样的诱饵阵地就很可信。另一个有效的办法是将灌木堆成规则的形状，以模拟堆放的弹药……

撤出的阵地可以成为有效的诱饵阵地，特别是在一些平顶伪装网还留在原址时。为了使诱饵发挥全部效率，必须保持某些活动迹象——应该不时地开辟新的路径，烧灼痕迹应予突出并添加新的痕迹。诱饵的效果应该通过空中观察和摄影进行验证。

原木、板材、废金属、帆布、被摧毁的车辆和装备以及在当地找到的任何其他物品都可作为诱饵材料。建立诱饵阵地时，可以挖掘一英尺深的散兵坑和壕沟，用树叶和地面覆盖材料对低矮的护墙进行部分伪装；在坑洞 / 或壕沟中放置灌木、树枝和树叶（尤其是深色的）并压碎来增强纵深感。有些部队还曾经使用过类似稻草人的假士兵——意大利战区曾出现过由穿着从尸体剥下的德军制服、内填稻草的假人驻守的哨位。

结语

毫无疑问，二战中诸多战术伪装原则与技术对作战部队至关重要。但这些纪律和技术的成效难以被量化评估，因为各单位的实施水平参差不齐。此外，伪装的成功与否很大程度上取决于指挥官对这些工作是否重视，以及士兵的纪律性和主动性。实际上，部队训练并非总会强调伪装，直到与敌军交战后——尤其是当敌方具备空中侦察能力时——其重要性才会凸显并促使伪装措施强化。

时至今日，伴随夜视增强设备与热成像技术的进步，伪装织物也得到改良以削弱此类技术的探测效果。伪装漆在耐久性、抗褪色和红外线吸收能力方面均有提升，降低了车辆夜间被发现的概率。伪装网仍然有效，且因塑料材质的运用获得显著改进：更轻便、易架设、吸收红外线、不吸水且更耐用。此外，许多在二战中所使用的材料和基本上技术如今仍在被使用中，它们对于现代军队研究二战伪装方法仍有价值。

由“莫里斯四轮车”牵引的一门英制 25 磅榴弹炮和弹药车。虽然它们全是仿制模型，但在航空照片中却足以以假乱真——在适当的光照条件下，它们还可以欺骗距离 500—1000 码的地面观察人员。（帝国战争博物馆 H42529）

❋ 头盔伪装

士兵最常用的伪装手段是改变头盔的外观——减少反射光、改变熟悉的轮廓并创造固定天然或人工装饰物的条件。虽然大多数军队配发的头盔都在出厂时被漆成了单调的哑光颜色（部分掺入碎软木或沙粒），但未经伪装的头盔在战场上仍极易暴露。

1. 美国陆军最初在 M1 头盔上使用大网眼的头盔网。这种网能被垂挂在头盔的钢壳上并塞进盔内固定，后一步操作可在更换其衬里布料时进行。

2. 后来，美国陆军采用了网眼大小为 0.25 到 0.5 英寸、更有“弹力”的型号，配有一根弹性氯丁橡胶带。战场上很少见到漆有军衔徽标的头盔，但有时候军官和军士会分别在各自头盔后面漆上简化的竖线和横线。夜间巡逻队员有时会在脸上涂抹煤灰。

3. 单独的头盔伪装漆很少见，但在空降部队里较为常见，他们还常常会为头盔网加上粗麻布装饰。这顶 M Ⅰ C 头盔上固定着伞兵急救包，协助夜间降落区域集结的Ⅰ型发光标记则被固定在侧面。

4. 英军使用大约 1 英寸方形中网眼和图中这种小网眼（类似于“虾网”）头盔网。这种网可能被染成全绿、绿色和褐色斑块或者在意大利战区使用的沙褐色。这顶 Mk Ⅱ头盔的弹力网中被塞进了“战场急救包”。两种型号的头盔网都被用系在盔沿下方的一根拉绳固定。

5. 英制 Mk Ⅲ “龟壳”头盔自 1944 年起在西北欧被广泛配发，优先供应诺曼底登陆部队。此后，越来越多抵达前线的补充人员佩戴这种头盔，两种型号被同时使用。标准的小网眼头盔网常被撕出大洞，或额外编织绳索，以固定“粗麻布”。后者被特意做旧以进一步柔化轮廓。MK Ⅲ “龟壳”头盔的造型非常便于将急救包塞在后部加长盔檐上方的网罩下。

6. 英国伞兵也用头盔网、各种各样的装饰和细绳对头盔做了类似的伪装——图中是第三种方式。在头盔侧面漆上单位徽标的情况，在 1940 年之后的海外作战部队中就很少见了。在 1944 年诺曼底登陆 D 日最初的几个小时内，约翰·霍华德（John Howard）少校率领的牛津郡与白金汉郡轻步兵团 2 营，为占领盟军登陆区东翼的奥恩河和运河上重要桥梁的行动提供了滑翔机机降部队。由于统一配发的伪装网“面罩”很柔软，而士兵的衬衫是无领的，且作战服的领子又很容易被刮破，因此许多士兵会剪下几段伪装网，在敞开的作战服领子里当作围巾。

7. 这顶德制 M1935 头盔的自制铰接铁丝框架上放置有一张粗编绳网，用于固定植物枝叶（德军士兵称其为 Geweihe，意为“鹿角”）。这款于 1942 年 8 月投产的制式头盔网用“多毛”褐色绳索制成，网眼大小不一（通常相当大），配有 4 个锌线钩以固定在盔檐上，但这些钩子很经常脱落。1940 年 3 月和 1943 年 8 月，在右侧和左侧印有国徽和军种徽章的头盔分别被下令停用，但有照片显示仍有士兵继续佩戴。

8. 德制 M42 头盔配有一个用于固定植物枝叶的铁丝网盔冠和一条从内胎上切下的橡皮带（往往单独使用）。细铁丝网（有时候也使用网眼更大的栅栏铁丝网）常常向下延伸以塞入头盔边缘。

9. 可以两面使用（一面为“碎片迷彩图案”，另一面是纯米白色）的制式布罩从 1942 年起投产，带有固定植物枝叶的钩子，以及一个用于系紧盔沿下拉绳的套管。初期改型之一是一面为“鼠灰”，另一面为白色，1943 年起，出现了边缘更柔和的“沼泽迷彩”款。这种头盔罩从未大批出现，有老兵回忆送抵部队的此类装备会被优先配发给高风险人员——部队指挥员和机枪手、迫击炮手和反坦克炮手。

头盔伪装

装有平顶伪装网的美国炮兵阵地

装有平顶伪装网的美国炮兵阵地

这张剖面图（注意红线）展示了典型的 2 号伪装网套件，它用于隐藏一门 105 毫米 M2A1 榴弹炮。155 毫米榴弹炮和 4.5 英寸加农炮也配发有这种伪装网。2 号伪装网套件包括一张 29×29 英尺的主网，以及三张可以固定在主网两侧和左后方（或右后方）的 14×29 英尺扩展网。平顶布置确保了对火炮、装备、弹药和炮手所用战壕的充分覆盖。扩展网可被以一张或多张组合的形式斜放到地面，但这样会减少炮手的操作空间。

整套伪装网配有 18 根 10 英尺长的支撑杆、钢丝悬架（用于拉紧串在支撑杆之间的钢丝）、30 根地桩、一柄 12 磅的大锤和两个携带袋。主网从前沿到中部有 14 英尺长的开口，通过快拆扣可快速展开以适配火炮大仰角射击。图示伪装网采用适合于温带夏季或热带的装饰布配色，主网区段密布伪装缀条，延伸网与主网接合处的缀条密度高于外缘。

该阵地的炮组人员严格执行了遮蔽规范：将弹药、空弹壳、弹药箱、火炮装备及个人物品均置于网下。为了隐藏炮口焰灼烧的痕迹，他们还在阵地前方用 1 英尺高的木桩架起铁丝网，并用灌木覆盖（为展示结构此处已移除）。理想情况下，阵地应靠近树木、灌木、树篱、围墙或任何其他能在阵地上产生阴影、有助于它在视觉上融合的特征（但是，大部分军队使用的棕褐色麻布沙包往往与地形和植被很不匹配）。火炮本身被漆成橄榄绿色，并带有浅绿色的迷彩图案，炮管与制退器下方有浅绿色的反阴影涂装。

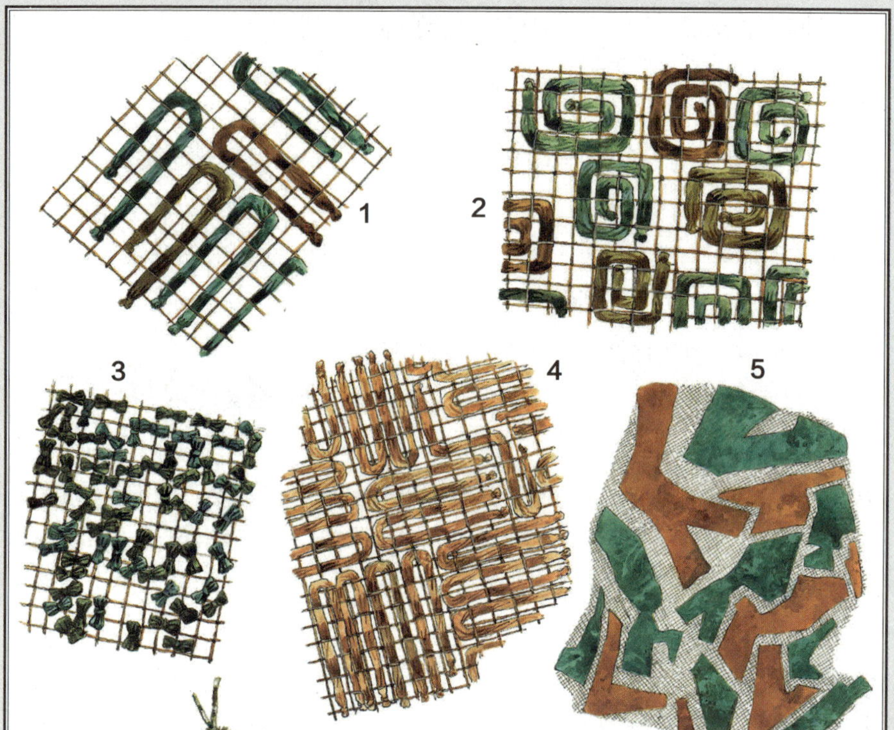

伪装网和图案

伪装网和图案

1. 最常用的布料装饰图案是不同密度的“U”字，且可将“U”字图案相互交错排列。

2. “希腊回纹”图案是一种紧凑的方形螺旋图案，源于一种装饰性边框风格。

3. “蝴蝶结”图案将长度很短的装饰布紧密地缠结在一起，其末端往往悬空。

4. 布条密集编织成直线或者大方框形状的“直线栅格纹”是比较不常见的图案之一。除非背景是沙地或雪地等均质背景，否则极易暴露。

5. 德军早期曾试验将形状不规则的布片固定在细网眼的伪装网上。但实际作业中士兵们因染料刺鼻、手指割伤而常消极应付——许多仅被简单覆盖少量枝叶杂草的伪装网（甚至未缀布条）被投入使用。

6. 图为 1941 年美国本土演习中的 37 毫米 M3A1 反坦克炮，覆盖着 15×15 英尺无缀饰 " 渔网 "（下垂式架设增强隐蔽性），加上了带叶的嫩枝。炮盾顶部加装有不规则金属板以改变其轮廓——这是一种明智而罕见的做法。当时美军弹药箱为原木色，如果不做掩蔽的话会很显眼。橄榄绿色毛料军裤是深褐色的，但 1941 式战地夹克、织带装备和绑腿却是棕黄色的，在炮手们使用的橄榄绿色武器和深色背景前都很显眼。这导致在 1943 年年末，上述装备都被改为偏绿的橄榄绿色调。

伪装服：战俘集合点，诺曼底，1944 年

伪装服：战俘集合点，诺曼底，1944 年

1. 这名美国第 2 装甲师士兵身穿两件式人字斜纹伪装服，与连体的前代产品同被称为“青蛙服”。这种服装曾被下发给第 41 装甲步兵团、第 17 装甲工兵营各部，以及第 2 和第 30 步兵师的部分官兵。不过，这种服装在树荫斑驳光线下与德军伪装服相似度极高，因此列装不到两月便被紧急召回了。

2. 一名英国第 6 空降师的伞兵身穿丹尼森罩衫，这是英国陆军列装的首款制式伪装服。与之基本相同的迷彩图案也被用在更为轻便、带有兜帽的“防风”罩衫和配套长裤上，这些服装是为预计中的诺曼底行动而生产的，后被特种部队与狙击手在其他战区使用。在欧洲战争的最后一个冬天，这种带兜帽的防风罩衫还被配发给某些一线步兵部队，如第 7 装甲师的第 131（女王）步兵旅。

3. 正在押送两名被俘的武装党卫队士兵的一名伞兵，他身上的罩衫有多种颜色和斑点图案的不同款式，而这些款式的罩衫又经常在同一单位中被混用。

4. 这名年轻的武装党卫队士兵（可能来自武装党卫队第12“希特勒青年团”装甲师）穿的是 1944 式伪装服，包括有 4 个口袋的外衣和裤子 [上面印有常被称为“豌豆”的迷彩图案（德语 Erbsenmuster）]，以及配套的帽子。

5. 这名受伤的德国空军第 6 伞兵团伞兵穿戴着其所在兵种特有的头盔和跳伞服，上面都印有于 1941 年起推出的德国空军版本的“碎片迷彩图案”。这与德国陆军统一配发的迷彩雨披（他就躺在这种雨披上）使用的 1931 式图案略有不同。需要注意的是，武装党卫队或伞兵部队的罩衫都没有配套的迷彩裤。

德军雪地伪装

德军雪地伪装

苏军和德军都在各自发展技术并相互借鉴，逐渐精通雪地伪装。图中的阵地（现实中更宽敞）包含匍匐交通壕和战斗阵地，底部铺着冷杉树苗和枝叶，上面覆盖有由柳枝编织的垫子或铁丝网。在这之上又覆盖着灌木或稻草，或者浸湿后冻实的多层纸张——这一层会被雪所覆盖，但在新雪落下之前都不能实现有效伪装。边缘处的地垫可以稍微抬高以利观察或射击。左侧的弹药箱堆叠起来并被覆盖上了一层白雪，还放置了冷杉树苗作为伪装遮挡。

服装

标准德军灰白色斜纹粗棉布训练服并不是合格的伪装服，因为它太过紧身，无法被士兵穿在保暖服装外面。各单位或兵站常常用当地资源制造雪地伪装服。图中所示的类型都在苏联战场的前两个冬季中出现过。头盔通常被涂成纯白色、其他颜色的纯色或斑点图案，偶尔可见可反转为白色或迷彩的罩布。

1. 最简单的权宜手段是从当地家庭中取得的床单——把它们垂挂在头部和躯干的两侧，并用一条环绕头盔的橡皮筋和环绕腰部的细绳固定。

2. 雪地衬衫是当地制作的及膝套头衫。临时制作的头盔罩遮盖了后颈，起到一定的防风作用。

3. 宽松的两件式雪地伪装服包括一件前扣式无衬里兜帽大衣和一件宽松长裤，都用来穿在冬季服装之外。配发的黑色和红色布质臂章可以用纽扣固定在一个或两个袖子上，它有八种可能的变化组合，可像密码一样定期更换。

4. 与两件式雪地伪装服一样，连体雪地服也是工厂批量制造的。

5. 德军配发的另一种服装是可以反穿的宽松罩衫，一面为白色，另一面为迷彩图案。

6. 这名正在执行哨兵任务的士兵穿着一件大衣款式的兜帽罩袍，戴着厚实的手套，还穿着为足部保暖的宽大稻草套靴。

伪装的对比

伪装的对比

关于车辆和其他大型装备的伪装涂装，主要存在两种观点。一种倾向于采用能与大多数植被背景融合的单一纯色；另一种则认为在纯色底色上叠加简单醒目的对比图案（通常使用较深色调）更为有效。

1. 这辆美制 M4“谢尔曼”中型坦克在橄榄绿底色上漆有黑色涂装。这种涂装在较远的距离上更有效，因为强烈对比的涂装容易改变坦克的视觉轮廓，阻碍敌方炮手对距离的估算。但在较近的距离上，这种涂装会更引起注意，不过如果坦克在阴影或茂密的植被环境中，这种涂装通常仍有相当的效果。这辆坦克垂直表面上的国家标志（白色五角星）已被掩盖，炮塔上固定着一些伪装网的残片。

2. 这辆德国五号坦克(“豹”式)展示了相反的伪装方法。自 1944 年 8 月起，装甲战斗车辆制造商被要求在交付前就在车辆底色上涂上迷彩图案，而不是将这项任务留给接收单位。德军当时主要处于守势，坦克和突击炮通常从隐蔽阵地发起近距离攻击，因此图示的迷彩的作用是将它们隐藏在林地环境——事实证明，这种伪装方式在瓦砾遍布的城市区域也有一定效果。这种“伏击伪装”（德语 Hinterhalt zu tarnen）在细节上根据制造商而有所不同。图示的是戴姆勒 - 奔驰公司使用的迷彩方案：在深黄色的底色上，喷涂不规则的橄榄绿色和红褐色斑块，随后在绿色或褐色的区域上喷涂深黄色小点，在黄色区域上喷涂绿色或褐色小点，以实现斑驳效果。负重轮采用单色涂装，主炮管未作斑驳效果处理但在底部施以黄色反阴影涂装。

伪装漆使用中的典型错误

伪装漆使用中的典型错误

1. 这辆澳大利亚 AEC“斗牛士”火炮牵引车采用了中东战区特有的蓝灰色和沙黄色涂装。宽度和角度完全一致的斜条纹带，以及机械交替的重复图案，都让这辆牵引车显得过于显眼（类似均匀宽度的垂直条纹效果更差）。挡风玻璃、侧窗、头灯、反光镜和侧视镜都会反光。

2. 这辆 82 型越野车（“桶车”，德语 Kübelwagen）在沙色底色上漆有均匀深绿色小斑点。这些斑点既不够大，也不够不规则，在任何距离上都起不到效果。即便从近距离看，其整体仍呈现单一色调——使黑白相间的铁十字标志格外醒目。

3. 这门德国 88 毫米 PaK 43/41（绰号“谷仓大门”）反坦克炮的深黄色炮盾被漆上了与边缘平行的红褐色图案，从而凸显了炮盾的规整外形。正确的做法应该是让图案以随机角度和间隔延伸到边缘之外。

4. 苏联红军车辆使用伪装涂装的罕见且拙劣的例子。这辆 BA-64B（绰号“波比克”）装甲车的后轮被对半漆上了两种对比强烈的颜色，前轮则被一个窄条分割开来。当装甲车处于行驶状态时，这两种涂装都会产生闪烁的“旋转风车”效果——使得精心设计的小尺寸红星标志完全失去隐蔽效果。

5. 英国皇家空军机场上的这所半圆形活动营房，是机械执行规定的典型范例。虽然这种大尺寸、高对比度的图案也许能增加高速接近中的攻击机飞行员识别建筑和判断距离的难度，但远谈不上“隐藏”建筑。窗户内侧装有遮光帘，但外侧玻璃会强烈反光。最后，沿路铺设的白漆石块，更是精确标示出了建筑物的方位。

炮兵连阵地

炮兵连阵地

这张图重现了 1940 年在法国的一个德军 105 毫米 leFH 18 轻型榴弹炮连（马匹牵引）的布置。不同于和平时期演练采用的方法，该连将 4 门榴弹炮（1，2，3，4）以不规则方式分散部署，，依托自然或人工地物进行隐蔽，避免在背景环境中形成突兀轮廓。这种布置使得远距离观察员和照片判读员在快速搜索时可能漏判，即使发现部分火炮或相关装备，不规则的分散布局也能干扰其定位其他布置。火炮采用简易伪装措施：车轮覆盖帐篷布，炮盾前搭靠树枝，但遗憾的是火炮、车辆和马队在地面上留下了明显的移动痕迹。德军采用的欺骗技术之一是将其中一门榴弹炮作为游动炮（德语 Arbeitsgeschütz），在距主阵地 250—300 码的预备发射点实施骚扰射击，若遭反击也不会波及主阵地。图中 4 号炮正在返回原位。

除了火炮之外，这个 120 人的炮兵连还有 4 辆弹药车、8 辆前车、15 辆拖车和 100 多匹马，它们都必须远离火炮以避开反炮兵火力——马匹离得最远，因为它们最为脆弱。弹药车随炮就位，而前车和拖车则沿树林和树篱线隐蔽排列（左上角）。损毁的农舍建筑被用作连指挥部、士兵宿舍及装备仓库。前沿观察所设于较远位置，通过野战电话线联络。当出现敌方装甲兵威胁时，德军会在阵地前方以及侧翼通往阵地的公路与岔口上布设反坦克地雷。